»Veni sancte spiritus – Komm Heiliger Geist«: Drei Worte, die die ganze Sehnsucht eines Menschen vibrieren lassen. Gerade mal acht Noten, die voll besetzte Kathedralen zum Schwingen bringen

In die Stille eintauchen

Zeitlosigkeit, Absichtslosigkeit –
das Geheimnis der Lieder von Taizé

VON EVA BAUMANN-LERCH

Ich hatte mir gerade das Rauchen abgewöhnt, und meine Stimme verlor allmählich ihr Kneipentimbre. Und ich suchte nach anderen Richtungen, nach heilsamerem Leben, nach einem neuen Atem. Da saß ich in einem Osterseminar, wollte das Fest einmal bewusster, spiritueller erleben. Und hörte zum ersten Mal die Lieder von Taizé. »Ubi caritas et amor, deus ibi est.« Vielleicht zehn Jahre hatte ich nicht mehr gesungen, und eigentlich kannte ich auch niemanden mehr, der so was noch ernsthaft machte. Singen war was für die Profis – oder allenfalls für den Überschwang nach gewonnenen Länderspielen oder Feten am frühen Morgen, wenn sowieso alle Hemmungen gefallen waren.

Die Lieder von Taizé aber waren ernst, schlicht und einladend. Fast immer nur eine Zeile lang und von warmer, unkomplizierter Melodie. »Ubi caritas et amor, deus ibi est. – Wo Liebe und Güte, da ist Gott.« Vorsichtig, zuerst noch etwas krächzend, hängte ich mich in den Gesang der Gruppe ein. Zu meinem Erstaunen wurden die kurzen Liedzeilen wieder und wieder gesungen, unablässig wiederholt, begannen immer neu. »Ubi caritas et amor, deus ibi est.« Nach dem dritten Mal sitzt die Melodie, nach dem siebenten Mal kann man sie auswendig. Und dann dachte ich gar nicht mehr darüber nach, zählte nicht mehr mit, sang und sang und sang. Ich freute mich an den ungewohnten Tönen in meiner Brust, an dem ruhigen Atem, in den sie mich brachten. Ich war wie jemand, der nach langen Jahren einen alten Schatz wiederfindet.

Meine Freundin Katrin Dörr, die Musiklehrerin ist und selber Lieder schreibt, hat mir später erklärt, warum diese Gesänge so einnehmen: »Die Taizé-Lieder sind harmonisch sehr einfach. Häufig geht die Harmonie von der ersten Stufe auf die vierte Stufe, dann auf die fünfte und wieder zurück in die Grundharmonie.« Sie nannte das »Tonika – Subdominante – Dominante – Tonika«. Und erklärte: »Das ist ein harmonisches Muster, das den Menschen, zumindest denen in der westlichen Welt, schon innewohnt. Das findet sich in allen einfachen Liedern, in Kinder- und Volksliedern, auch in der Popmusik. Da gibt es keine Rückungen, keine spektakulären Sprünge, keine Sperenzchen, in denen sich ein Komponist verewigen will. Das ist eine Tonfolge, die jeder schon in sich hat. Du brauchst dich nicht anstrengen, du kannst den Kopf ausschalten und dich in die Melodie hineinfallen lassen.«

Damals, als ich die Lieder aus Taizé kennen lernte, in diesem Osterkursus, hatte ich solche Erklärungen nicht. Ich stellte nur fest, dass sie mich froh machten. Und dass sie mir nicht nur einen Weg zum Gesang zeigten, sondern auch einen spirituellen Weg, einen neuen Weg zu meditieren. So eine einfache Melodie, nur eine Zeile lang, mit nur einem Gedanken, ist wie ein Mantra. Sie wird wieder und wieder gesungen, bis sie sich in meiner Tiefe niederlässt. Dann kommt es mir vor, als ob nicht mehr ich singe, sondern das Lied in mir selber singt. Für mich ist das die einfachste Form der Meditation. Wenn ich zu unruhig bin, mich still auf einen Hocker zu setzen und dem Lauf meines Atems zu folgen, dann singe ich eines dieser Lieder. Da kommt die Stille von selbst. Und wenn ich will, kann ich dann immer noch ganz still werden.

Und dann diese einfachen Texte. Eigentlich sind es nicht mal richtige Texte, sondern immer nur ein einzelner Satz. »Echte Gebete sind wortarm«, sagt Frère Roger, der Gründer von Taizé dazu. »Veni sancte spiritus – Komm Heiliger Geist.« Drei Worte, die die ganze Sehnsucht eines Menschen vibrieren lassen. Gerade mal acht Noten, die in der in Taizé üblichen Wiederholung voll besetzte Kathedralen zum Schwingen bringen.

Inhalt dieser Lieder ist immer ein einziger Gedanke. Erwartung: »Wait for the Lord, whose day is near.« Lobpreis: »Laudate Dominum, omnes gentes.« Ein Schrei aus tiefer Verstimmung: »Dans nos obscurités allume le feu, qui ne s'etaint jamais – In unserer Dunkelheit entzünde das Feuer, das nie mehr verlischt.« So ein Wort, so ein Gedanke, vielfach gesungen und vertieft, ist mehr Gebet als viele lange Texte, die sich so nennen.

»Durch die Wiederholung dieser Gesänge entsteht ein Stück nicht berechenbarer Zeit«, sagt Joseph Gélineau, der diese Lieder – gemeinsam mit Jacques Berthier – für Taizé komponiert hat: »Die gewöhnlichen Gottesdienstlieder aus den Gesangbüchern haben eine bestimmte Länge, machen die Liturgie berechenbar. Das mag einige Vorteile haben. Unsere Lieder sind in der Länge nicht kalkuliert. Dadurch bringen sie uns in die Zeitlosigkeit, die Absichtslosigkeit. Und das ist eine wichtige Dimension des Gebets.«

Das ist wohl auch der Grund, warum Taizé-Lieder nie als Konzert aufgeführt werden; warum die Dirigenten in Taizé die vier Stimmen, in der fast alle diese Lieder gesetzt sind, zwar vorher mit den Besuchern einstudieren, im Gottesdienst aber im Hintergrund bleiben. Auch die musikalische Perfektion ist zweitrangig. Wenn das Tempo nicht ganz stimmt, die Tonhöhe etwas abrutscht, greift niemand ein.

Und trotzdem klingen die Live-Aufnahmen vom Originalplatz in Taizé musikalisch fein und mitreißend. Da ist diese Fülle eines vollen Gottesdienstraums, in dem wirklich jeder und jede singt. Da sind diese verschiedenen Sprachen, die sich abwechseln. Französisch, Englisch, Lateinisch und Spanisch. Russisch und Griechisch und Niederländisch. Und was auch immer das für Sprachen sind, in denen sie da singen. Da brandet der vierstimmige Gesang laut auf und klingt summend ab. Und dann, mitten in diese Wiederkehr, diese Ewigkeit suggerierende Wiederholung, singt eine einzelne helle Frauenstimme Verse, die sich klar, wie von selbst über das murmelnde Singen der großen Menge heben.

Ja, woran erinnert mich das?

Am Samstag stand ich um fünf Uhr morgens auf dem Balkon. Die Menschheit schlief noch, und die Vögel hatten das Viertel für sich. Die einen surrten rauf und runter, immer gleich, die anderen raunten rhythmisch dazwischen, und oben drüber kam immer wieder so ein reiner, heller Jubelton. Alles klang wie abgesprochen. Auch da dirigierte niemand, kam der Gesang von selbst auf die Welt, da fand eine universale Freude ihr gemischtes Ensemble. ∎

Ein Ort für das Fragen

Ist Taizé mehr ein Ort für Fragen als ein Ort, wo man oder frau Antworten erhält?, möchte ich wissen. »Es braucht sicher beides«, antwortet Frère Wolfgang. »Jugendliche suchen Antworten. Jedoch keine fertige Antworten, die man einfach abholen kann. Die Antwort liegt mehr in der Ermutigung, einen Weg weiter zu gehen, auf dem es so viel Unvorhergesehenes gibt.«

Die Zeiten haben sich geändert. Frère Wolfgang berichtet: »Viele junge Leute – im Unterschied zu den siebziger und achtziger Jahren – stehen heute einfach vor einer ganz unsicheren Zukunft. Ihr Leben ist viel ungewisser, als es das Leben der Jugendlichen vor 20 Jahren war.« Infolge der Entwicklung in der Gesellschaft und Wirtschaft?, frage ich.

»Ja, infolge der gesellschaftlichen Entwicklungen. Weil vieles viel schneller abläuft. Die unglaublichen Entdeckungen, die riesigen technologischen Neuerungen – all das sorgt dafür, dass die Entwicklungen viel rasanter verlaufen – und auch, dass es viel mehr Ungewissheit gibt.« Wolfgang schließt: »Wenn Jugendliche von hier wieder abreisen mit der Ermutigung, auf ihrem schwierigen Weg mit ihren Fragen weiter zu gehen, dann ist eigentlich viel von unserem Ziel erfüllt.« ∎ TS

FOTO: LEUTENEGGER

DEN GEIST GOTTES ATMEN UND LEBEN

»Es gibt eine Stimme des Herzens«

Fragen an den Prior und Gründer der Gemeinschaft von Taizé, Frère Roger

VON THOMAS SEITERICH-KREUZKAMP

PUBLIK-FORUM: *Frère Roger, was war das Entscheidendste in den letzten gut 50 Jahren in Taizé?*

FRÈRE ROGER: In der Mitte des 20. Jahrhunderts trat ein Mann auf. Er nahm im hohen Alter den Namen Johannes an und stammte aus einer einfachen norditalienischen Bauernfamilie. Als er – Johannes XXIII. – hoch betagt ein Konzil ankündigte, sagte er Worte, die in ihrer Klarheit unübertrefflich sind: »Wir versuchen nicht herauszufinden, wer Unrecht gehabt hat, wir versuchen nicht herauszufinden, wer Recht gehabt hat, wir sagen lediglich: Versöhnen wir uns!«

Johannes XXIII. gehört zu den Menschen, die unsere Communauté zutiefst geprägt haben. Kurz vor seinem Tod waren wir zu drei Brüdern noch einmal bei ihm. Es wurde uns deutlich, wie sehr ihm daran gelegen war, dass wir hinsichtlich unserer Berufung gelassen in die Zukunft schauen. Er deutete mit seinen Händen Kreise an und meinte: »Die katholische Kirche besteht aus wachsenden konzentrischen Kreisen.« War das Wesentliche nicht schon geschehen, wenn wir einfach mit Frieden im Herzen weiterlebten, anstatt uns immer wieder Sorgen zu machen?

PUBLIK-FORUM: *Sie haben das Kunststück fertig gebracht, keine Bewegung zu gründen, sondern die Menschen, die auf Sie hören, zum Engagement in ihrer Kirche, in ihrer Gesellschaft aufzufordern. Weshalb? Weshalb keine Taizé-Bewegung? Und: Wie ist das geglückt?*

FRÈRE ROGER: Nachdem wir seit so langer Zeit Jugendliche bei uns zu Gast haben, haben wir von der Jungfrau Maria gelernt, loszulassen und herzugeben, zu geben, was Gott uns anvertraut. Wir haben uns von jeher geweigert, die Jugendlichen in unserem Umfeld in einer festen Bewegung zu organisieren. Seit 26 Jahren gehen wir mit ihnen einen »Pilgerweg des Vertrauens auf der Erde.« Dieser Pilgerweg findet in Taizé wie auch in nahen oder fernen Ländern statt. Mit den Jugendlichen, die wir bei uns zu Gast haben, möchten wir Wege suchen, wie man an den Quellen des Glaubens neuen Lebensmut schöpfen und sich darauf vorbereiten kann, Christus für die anderen zu leben. Wir wollen für sie zuallererst Menschen sein, die zuhören, und nicht Meister des geistlichen Lebens.

PUBLIK-FORUM: *Was ereignet sich beim Zuhören?*

FRÈRE ROGER: Wer sich ein Leben lang in Einfühlung übt, kann die Menschen, die sich ihm anvertrauen, nach wenigen Worten begreifen. Wer auf diese Weise hinhört, vermag zu einer umfassenden Sicht des Menschen zu gelangen, des Menschen, der zugleich Unzulänglichkeiten und Ausstrahlung, Abgründigkeiten und Erfüllung in sich hat.

PUBLIK-FORUM: *Wie gilt es zuzuhören?*

FRÈRE ROGER: Auf das hinhören, was den anderen an sich selbst schmerzt. Zu verstehen versuchen, was er oder sie auf dem Herzen hat. Und allmählich lässt sich selbst in einer leidvoll aufgewühlten Erde die Hoffnung auf Gott wahrnehmen, oder wenigstens Hoffnung auf Menschlichkeit. Nicht weiter auf die Verknotungen, Fehlschläge, widersprüchlichen Kräfte eingehen, für die sich immer tausend Begründungen finden lassen. So bald wie möglich in die wesentliche Phase eintreten: Die einmalige Gabe, die in jeden Menschen gelegten Talente freilegen, damit sie nicht vergraben bleiben, sondern sich in Gott lebendig entfalten.

PUBLIK-FORUM: *Was ist Ihnen das Wichtigste an der christlichen Botschaft, am Evangelium?*

FRÈRE ROGER: Johannes der Evangelist sagt mit drei Worten, wer Gott ist: »Gott ist die Liebe«. Was fesselt uns an diesen Worten? Wir entdecken in ihnen etwas Herrliches: Christus ist nicht auf die Erde gekommen, um die Welt zu richten, sondern damit durch ihn jedes menschliche Geschöpf gerettet und versöhnt wird.

Deshalb konnte sechshundert Jahre nach Christus ein christlicher Denker Worte wie von Feuer schreiben: »Gott kann nur seine Liebe schenken.« Zuallererst bittet Gott uns darum, seine Liebe zu empfangen.

Könnten wir uns immer daran erinnern: Nicht Gott löst menschliches Elend aus, weder Angst noch Furcht. Gott will weder Kriege noch Erdbeben, noch grausame Unfälle. Gott ist daran unschuldig. Gott ist Unschuld.

Gott kann nur lieben. Darin liegt das ganze Evangelium. Durch sein Verzeihen versenkt Gott unsere Vergangenheit in Christi Herz und nimmt sich unserer Zukunft an.

TAIZÉ

»Fang bei dir selber an und schlage den Weg ein, andere zu verstehen, Vertrauen zu schenken und nicht unerbittliche Urteile zu fällen« FRÈRE ROGER

PUBLIK-FORUM: *Sie haben sich stets dem Beurteilen und auch dem Verurteilen entzogen. Manche haben Sie deshalb kritisiert. Weshalb urteilen Sie nicht?*
FRÈRE ROGER: In meiner Jugend – es war eine Zeit tiefer Zerrissenheit – überlegte ich: Warum der Widerstreit zwischen den Menschen? Und ich fragte mich: Gibt es einen Weg, alles vom andern zu verstehen, in einem auf Gegenseitigkeit beruhenden Vertrauen?

An einem Tag – ich weiß noch genau, wann es war – sagte ich mir im milden Licht eines Spätsommerabends: Fang bei dir selber an und schlage den Weg ein, andere zu verstehen, Vertrauen zu schenken und nicht unerbittliche Urteile zu fällen, suche eher zu verstehen als verstanden zu werden. Damals hoffte ich darauf, dass dieser Entschluss für immer gelten würde.

PUBLIK-FORUM: *Was heißt für Sie »Beten«?*
FRÈRE ROGER: Beim Beten verlangt Gott weder außerordentliche Leistung noch übermenschliche Anstrengung. In der Geschichte der Christen haben viele Gläubige mit einem oft wortarmen Gebet aus den Quellen des Glaubens gelebt. Für meinen Teil beziehe ich mich gelegentlich auf ein Augustinuswort: »Es gibt eine Stimme des Herzens und eine Sprache des Herzens. Diese innere Stimme ist unser Gebet, sooft die Lippen verschlossen sind und unsere Seele offen vor Gott liegt. Wir verstummen, und unser Herz spricht; nicht in die Ohren von Menschen, sondern zu Gott. Sei gewiss: Gott kann dich hören.«

PUBLIK-FORUM: *Was bedeutet für Sie Musik?*
FRÈRE ROGER: Wenn es manchem schwer fällt, in der Einsamkeit zu beten, kann ein schönes gesungenes Gebet, auch nur zu zweit oder zu dritt, ein Labsal für das innere Leben sein. Mit einfachen Worten und mit lange wiederholten Gesängen kann es Freude ausstrahlen. In Taizé oder bei Treffen auf den verschiedenen Erdteilen stellen wir fest: Ein Gottesdienst, bei dem man gemeinsam singt, ermöglicht es, dass sich in einem das Verlangen nach Gott regt und man sich auf das kontemplative Gebet einlässt.

Warum sind in Taizé Gesang und Musik von jeher so wichtig? Das reicht wohl bis in meine Kindheit zurück. Meine Mutter hatte in Paris eine gründliche Gesangsausbildung erhalten. Ich hörte sie abends singen, wenn ich bei angelehnter Tür in meinem Zimmer lag.

Eine Tante meiner Mutter, Caroline Delachaux, hatte vier Jahre lang in Weimar das Fach Klavier studiert und ihre Abschlussprüfung in Virtuosität bei Professor von Bülow und bei Franz Liszt abgelegt. Sie hatte ein fröhliches Gemüt und gab meinen Schwestern Musikunterricht. In unserem Haus standen drei Klaviere, auf denen meine sieben Schwestern spielten.

Schon in den ersten Jahren haben wir Brüder in Taizé viel gesungen. Einige von uns konnten Noten lesen, und wir sangen mehrstimmige Choräle von seltener Schönheit. Damals wurde mir klar, dass der Gesang das gemeinsame Gebet auf unersetzliche Weise trägt. Durch das Singen baut Gott uns auf, auch in schweren Stunden.

PUBLIK-FORUM: *Wie wird Taizé, die Gemeinschaft, in 50 Jahren sein? Ein kühner, visionärer Ausblick?*
FRÈRE ROGER: Diese Frage stelle ich mir nicht. Ich habe Vertrauen in meine Brüder. Sie sind Männer des Friedens und der Gemeinschaft. Ich mache mir um die Zukunft der Communauté keine Sorgen. ∎

»Ich habe Vertrauen in meine Brüder. Sie sind Männer des Friedens und der Gemeinschaft. Ich mache mir um die Zukunft der Communauté keine Sorgen« FRÈRE ROGER

Du Gott bist der Grund meiner Hoffnung

Samstag, 22. Juni. Während einer Schweigewoche in Taizé

VON WUNIBALD MÜLLER

Nada te turbe nada te espante quien a Dios tiene nada te falta. *Nichts beunruhige dich, nichts ängstige dich: wer Gott hat, dem fehlt nichts. Gott allein genügt.* Es ist noch vor fünf Uhr in der Frühe. Ich höre in mir die Melodie von *Nada te turbe*. Ich sehe vor mir den greisen Roger, wie er, umringt von Kindern, mit der einen Hand sich am Gewand eines jungen Mitbruders festkrallend, gefolgt von den Brüdern, die Kirche verlässt. Der Greis und die Kinder, die Gelassenheit und Hoffnungsfülle miteinander verbindet.

Doch diese Gelassenheit und Hoffnungsfülle, die kann auch ich haben, wenn ich werde wie Kinder und Greise, wenn ich zu jenem Ur- und Grundvertrauen finde, dass ich sagen kann: Gott allein genügt. Er ist mein Grund. Du Gott bist der Grund meiner Hoffnung. Gelingt mir das, habe ich das, bricht alles, was mich einengt, besorgt sein lässt, mir Angst macht, auf und hat mich nicht länger im Griff, manchmal fast Würge-Griff. Jetzt macht sich mein Grund, Gott, breit, wird sichtbar und spürbar. Er ist stärker als alles, was an mir zieht und zerrt. Dieses Grund-Vertrauen, das auf ihm aufruht, schafft mir eine Bahn, einen Kanal durch alle Angst und Bedrängnis hindurch, so dass Leben möglich ist, ich Luft und Bewegungsfreiheit habe, ich nach vorne gehen, hüpfen kann. Mir fällt ein Psalm nach einer Version von Pierre Stutz ein:

Du Gott / bist der Grund meiner Hoffnung / Du lebst als dieses Geheimnis in mir / Kommen auch Tage des Zweifels / der Ungewissheit / wo vieles wie eine große Lebenslüge erscheint / so versuche ich vertrauensvoll zu Grunde zu gehen / Weil Du / mich durch diese Verunsicherung / zur Quelle des Lebens führen wirst / damit in mir auch Schwäche und Ohnmacht leben darf / So wird mir nichts mehr fehlen / und ich finde neue Geborgenheit in DIR.

Venite exultemus domino, venite adoremus. Kommt, lasst uns jubeln vor dem Herrn, kommt, lasst uns anbeten. Als wolle mich meine Seele daran erinnern, ertönt die Melodie in mir. *Venite exultemus domino.* Sie ist einfach da. Die Seele singt schon einmal für mich. Mir ist das noch nie so bewusst geworden, ja ich habe es noch nie so erfahren, wie tief ein Psalmwort mein ganzes Inneres ausfüllen kann. Ich spreche gerne die Psalmen, bete sie mit dem Herzen. Doch ein solcher Nachklang, ein solches inneres Ausgefülltsein von den Psalmen habe ich dabei nicht erfahren. Und wenn ich jetzt in mich hineinhöre, wenn ich dem *Venite* in mir lausche, dann ist es meine Seele selbst, die singt, die ich da vernehme. Ganz zärtlich, ganz inniglich, ganz rein, ohne Absicht und Vorbehalt jubelt sie Dir, meinem Gott zu, betet sie Dich an.

Es ist jetzt mein Innerstes selbst, / Mein reines Sein, / Das Dir, meinem Gott, zujubelt, / Ungeschminkt und ungebremst, / So frei heraus wie der Vogel, / Der mich begleitet und unterstützt, / In meinem Lobpreis und meiner Anbetung.

Ich spüre, wie so mancher Schleier in mir fällt, Enge weit wird, Trauer weicht und leise Freude sich in mir ausbreitet. Die Melodie ist verschwunden, die Freude bleibt.

Taizé ist ein freundlicher Ort. Oft kommt es bei Begegnungen zu einem kurzen, freundlichen Blickaustausch.

TAIZÉ

Monate, Tage und Zeiten

Das Kommen und Gehen der Besucher ist wie ein Rhythmus der Gezeiten. »Der Sonntag ist der schwierigste Tag in Taizé«, berichtet Frère Wolfgang. »Es ist der unruhigste Tag. An manchem Sonntag reisen drei- bis fünftausend Leute weg – und bis zu fünftausend kommen an. Die Neuen müssen sich zurecht finden.« Es ist eine anstrengende Arbeit, das gekonnte Willkommenheißen, wie es die mit den Treffen beauftragten Brüder der Communauté und die Equipe von Freiwilligen aus aller Welt Sonntag für Sonntag bewerkstelligen.

»Man muss hineinwachsen in die Woche«, sagt der Bruder. »Zwei bis drei Tage dauert das. Es gibt täglich um 14 Uhr ein Treffen, zwischen dem Mittagessen und den Gesprächsgruppen, bei dem die Lieder für die Gebete während der Woche eingeübt werden.«

Der Tagesablauf beginnt stets mit dem Morgengebet um 8.20 Uhr: ein gemütlich später Start. »Ja«, lacht der Frère Wolfgang, »der Beginn des Morgengebets verschob sich auf immer später im Lauf der Jahre. Früher begann es früher.« Wann?, möchte ich wissen. »Ich habe anfangs noch 7.30 Uhr erlebt, jetzt beginnen wir eine gute Stunde später – damit wirklich möglichst alle kommen.« Danach ist Frühstück und ab zehn Uhr Bibelarbeit, die von Brüdern der Communauté angeleitet wird. Darüber hinaus gibt es ein Programm mit je drei Großthemen. Man wählt bei der Ankunft ein Thema, mit dem man sich während der Woche in Taizé dann intensiv beschäftigen wird. Man kann dies kombinieren mit praktischen Aufgaben, zum Beispiel Staubsaugen, Spülen oder der Mitarbeit im selbstverwalteten Laden Oyak.

Kleine Gesprächsgruppen treffen sich nachmittags. Abendgebet ist um 20.20 Uhr.

Das »Jahr« der Besucherinnen und Besucher in Taizé beginnt mit den Fastnachtsflüchtern gegen Ende Februar. Frère Wolfgang berichtet: »Wir Brüder kehren vom Europäischen Treffen, das zeitlich am Jahreswechsel liegt und in einer Großstadt stattfindet, zurück, Mitte Januar. Wir haben dann rund einen Monat Zeit, alles vorzubereiten. Dann beginnen schon wieder die WochentreffenZu Hunderten kommen die Besucher im Februar, über Fastnacht, und später zu Tausenden in den Oster- und Pfingstferien. Und dann, den Sommer über, finden ununterbrochen sehr große Wochentreffen statt. Es beginnt meist mit 2000 bis 3000 Teilnehmern. Im Hochsommer sind bis zu 6000 Menschen pro Woche in Taizé. Dann sinkt den September über die Zahl. Im September starten einige Brüder dann in die Großstadt, in der über Neujahr das nächste Europäische Treffen stattfindet, während andere Brüder die Treffen begleiten, bis Anfang November.«

Trotz der großen Zahlen ist es stets möglich, in Taizé Stille zu finden. Dafür gibt es den Pré Silence, die Schweigewiese, sowie das Angebot der Retraite, der Schweigewoche – sowie viel ländlich-stille, durch uralte Bäume und Hecken gegliederte Landschaft. ■TS

Da ich Schweigeexerzitien mache, vermeide ich mit Ausnahme der Begegnungen mit einem Bruder von Taizé Gespräche. Doch solch ein Blick, gerade auch unter den Teilnehmern des Kurses, ist bedeutungsvoll, kann mehr sein, dichter, herzlicher als ein Gespräch. Mir fällt ein Satz von Martin Buber ein:

»Keine Fabrik und kein Büro ist so schöpfungsverlassen, dass nicht von Arbeitsplatz zu Arbeitsplatz, von Schreibtisch zu Schreibtisch ein geschöpflicher Blick aufleben könnte, nüchtern und brüderlich, der die Wirksamkeit der geschehenen Schöpfung verbirgt ... Und nichts ist so sehr ein Dienst an der Zwiesprache zwischen Gott und Mensch, wie solch ein unsentimentaler und unromantischer Blicktausch zwischen Menschen im Fremdraum.«

Gerade habe ich das Schweigen unterbrochen, um einem Teilnehmer das Fußballergebnis mitzuteilen. Es findet gerade die Weltmeisterschaft statt, und Deutschland hat sich mit einem 1:0 gegen die USA für das Halbfinale qualifiziert. Das war jedenfalls, was ich verstanden habe, als ich einen jungen Mann, der weder Deutsch noch Englisch kann – ich kann kein Französisch –, fragte und er mir, in Zeichenspra-

»Ich sehe den greisen Roger vor mir, umringt von Kindern: Der Greis und die Kinder, die Gelassenheit und Hoffnungsfülle miteinander verbindet«

che eine Eins andeutend und dann eine Null, zu verstehen gab, dass Deutschland gewonnen hat. Als ich vor einigen Tagen in der Umgebung wanderte, traf ich auf viele Menschen, darunter viele Kinder, die nicht in Taizé lebten bzw. keine Besucher dort sind, die mich mit einem freundlichen *Bon jour* begrüßten. In Taizé selbst spürt man eine gegenseitige Verbundenheit. Das Beten und Singen miteinander in der Kirche hat uns hierher geführt. Das hört nicht auf, wenn wir die Kirche zum Teil noch singend verlassen.

Da pacem, domine, da pacem, domine, o Christe, in diebus nostris. Gib uns Frieden, Herr, Frieden, Herr, o Christus, in unseren Tagen. Immer und immer wieder singe ich die gleiche Melodie beim Morgengebet. Bis sie meinen Seelengrund erreicht und dort verweilt. Ich spüre, wie mein Innerstes in Bewegung kommt, ja erschüttert wird, zurückgehaltene Tränen wenigstens für einen Augenblick sich vorwagen. *Da pacem, domine,* gib Frieden mir, meiner Seele, meiner manchmal so armseligen Seele. Schenke mir Frieden, Ruhe, Frieden, Frieden, Frieden. Schenke den Menschen Frieden, uns Menschen Frieden – gegen alle Hoffnungslosigkeit, Verbitterung, Verzweiflung. Und wieder spüre ich die Tiefenwirkung der Gesänge von Taizé, die die Türen der Seele zu öffnen vermögen, angezogen von der Seele selbst, die sich in diesen Weisen wieder findet, sich darin zum Ausdruck zu bringen vermag, darin ihre Chance sieht, unser Herz zu bewegen, sich uns mitzuteilen, für uns spürbar und erfahrbar zu werden.

Auf dem Weg von der Kirche zum Haus der Stille überkommt mich der Gedanke: *Du Gott bist da. / Jetzt da. / Hier. / Bei mir. / Du bist wirklich da.*

Ich muss an die Meister denken – und dabei steigt ein leichter Groll aus meinem Herzen –, die es weit von sich weisen würden, so mit Gott, mit Dir, meinem Gott, zu sprechen. Dich Du zu nennen, dir gegenüberzutreten. Ich kann ihnen ihre Weise der Gotteserfahrung lassen. Ich lehne aber die Arroganz ab, mit der sie manchmal meinen, anderen sagen zu müssen, was die Wahrheit ist, anderen ihre Weise der Erfahrung und der Begegnung mit Gott nicht zugestehen zu wollen oder als irrig zu bezeichnen. An ihnen vermisse ich Größe, Güte, Bescheidenheit und die Demut, um keinen Deut mehr über Gott und die Begegnung mit ihm zu wissen. ■

Aus: Wunibald Müller: Dein Lied erklingt in mir. Der göttliche Funken von Taizé. Echter Verlag, Würzburg 2003

Madrid, Taizé, Wroclaw, Breslau,

Stationen einer Liebes- und Lebensgeschichte

VON THOMAS SEITERICH-KREUZKAMP

PUBLIK-FORUM: *Wie haben Sie sich kennen gelernt?*
IGNACIO CONDADO: Im glühend heißen August 1988 in meiner Kirchengemeinde in Madrid.
HEIDI SAUER: Ich war als Gruppenleiterin mit einer Gruppe von Jugendlichen aus dem Bistum Fulda auf den Spuren der Heiligen Teresa von Avila und des Heiligen Ignatius von Loyola in Spanien unterwegs. Es gab auch eine Begegnung mit Jugendlichen in Madrid.
IGNACIO: Dabei haben wir uns kennen gelernt. Du warst 21 Jahre alt, ich 23.
HEIDI: Und du warst einer von den wenigen unter den spanischen Jugendlichen, der Englisch sprach, in der Misericordia-Pfarrei. Wir haben viel über Glauben und Jugendarbeit in Spanien gesprochen. Bevor wir uns verabschiedeten, tauschten wir die Adressen aus. Und beim Abschied, nach vier Tagen, merkte ich, dass mir die Trennung von Ignacio schwer fiel.
IGNACIO: Mir ging es mit Heidi ähnlich.
HEIDI: Wir wurden Brieffreunde. Und um uns wieder zu treffen, verabredeten wir uns für den Sommer des nächsten Jahres, für eine Woche im August 1989 in Taizé.
IGNACIO: Das lag auf halbem Weg, und wir waren beide an Taizé sehr interessiert. Es gab viele Taizé-Gebete in meiner Gemeinde in Madrid.
HEIDI: Unser Treffpunkt in Taizé war der Glockenturm.

Kennenlernen durch Taizé: Heidi Sauer mit Felix und Ignacio Condado mit Katja auf dem Schoß

IGNACIO: Ja. Abends, am Glockenturm, beim Gelben Haus. Es war wunderbar, dich wieder zu treffen. Wir gingen zusammen in die Gebete und nahmen an einer Bibelgruppe teil. Ich kann mich sogar erinnern, dass es um das Johannesevangelium ging. Frère Jean übersetzte für uns Spanier. Insgesamt war es eine großartige Woche: Wir erlebten die Kirche auf eine neue Weise, weil wir mit so vielen aufgeschlossenen und engagierten Leuten aus so vielen Ländern und Kulturen zusammenkamen.

HEIDI: Ignacio war bis dahin mein Brieffreund, doch ich habe gemerkt, da ist mehr. Um mit meinen Gefühlen klarzukommen, bin ich allein spazieren gegangen. Dabei haben wir uns dann zufällig im Dorf von Taizé getroffen.

IGNACIO: Dort haben wir uns unsere Liebe eingestanden ...

HEIDI: ...als die wenigen gemeinsamen Tage in Taizé zu Ende gingen, lud ich Ignacio für ein paar Tage nach Deutschland ein. Dort haben wir uns dann verabredet für das Europäische Jugendtreffen von Taizé, Ende Dezember 1989, in Breslau.

IGNACIO: Ich reiste mit dem Bus nach Polen. Wir brauchten für die Strecke von Madrid nach Wroclaw 60 Stunden.

HEIDI: Ich fuhr gemeinsam mit einigen Jugendlichen aus der DDR. Die Grenze war seit kurzem offen. Es war alles sehr aufregend. Nach Wroclaw zum Europäischen Jugendtreffen kamen in jenem unvergleichlichen Revolutionswinter, als die Grenzen im Osten erstmals offen waren, rund 63 000 junge Leute.

IGNACIO: Ich wohnte in Wroclaw in einer Familie, die stark in der Gewerkschaftsbewegung Solidarnosc engagiert war. Wir diskutierten viel über Freiheit und über die Politik, obgleich die Leute kaum Englisch sprachen und ich kein Polnisch. Die Gespräche dauerten viele Stunden lang, weil wir immer wieder in die Wörterbücher gucken mussten.

HEIDI: Es war bitter kalt, etwa 20 Grad unter Null. Während des Jugendtreffens haben wir draußen oder in Zelten getagt und gegessen. Doch ich glaube, keiner hat gefroren.

IGNACIO: Ums Haar hätten wir beide uns nicht getroffen.

HEIDI: Ja, das war schrecklich. Wir beide hatten per Telefon und Brief drei Tage verabredet, an denen wir uns abends an der Kathedrale treffen wollten. Doch am ersten Abend habe ich es nicht geschafft, dorthin zu kommen ...

IGNACIO: ... ich auch nicht, weil in unserem Bus das Kühlwasser eingefroren war und wir reparieren mussten.

HEIDI: Am zweiten Abend stand ich vor der Kathedrale und wartete vergebens auf Ignacio. Und am dritten Abend ebenso. Als ich schon gesenkten Hauptes und sehr traurig in mein Quartier heimgehen wollte, habe ich mich noch einmal umgedreht – und da kam Ignacio.

IGNACIO: Ja. Wir beiden hatten einander – sprachlich, zwischen Spanisch, Englisch und Deutsch – missverstanden. Ich hatte zwei Tage lang vergeblich vor einer anderen Innenstadtkirche auf Heidi gewartet.

PUBLIK-FORUM: *Heute bilden Heidi Sauer und Ignacio Condado mit ihren Kindern, der drei Jahre alten Katja und dem im Sommer 2003 geborenen Felix, eine Familie. Was bedeutet ihnen heute, anderthalb Jahrzehnte später, Taizé?*

IGNACIO: Ein großes, einladendes Zeichen für Ökumene unter den Christen. Das ist für mich wichtig, denn in Spanien, wo es fast nur katholische Christen gibt, kannte ich das nicht. Und Taizé ist ein Beispiel, wie unsere Gebete durch die Tradition der Ostkirchen bereichert werden können, durch die Gesänge, die sich wiederholen, zum Beispiel. Als wir vor drei Jahren in Argentinien lebten, haben wir in Buenos Aires Leute kennen gelernt, die für ein Jahr in Taizé gearbeitet hatten.

HEIDI: Ja, das war in der Gemeinde San Isidro im Norden von Buenos Aires. Da gab es Taizé-Musik in der Kirche. Wir fragten nach – und trafen den Küster, der ein Jahr lang in Taizé mitgearbeitet hatte. In Buenos Aires gibt es, wie an vielen Orten der Welt, regelmäßige Taizé-Gebete. – Für mich bleibt Taizé ein Zeichen der Versöhnung. Ein Ort der Einfachheit – man braucht nicht viel, um glücklich zu sein. Und ein Ort, an dem die Grenzen fallen und jede und jeder erwünscht ist. Christen aus vielen Nationen finden eine gemeinsame Sprache, entdecken eine gemeinsame Basis. So stelle ich mir den Idealfall von Kirche vor.

Vier Herzen am Kreuz

Es steht ein schmiedeeisernes Kreuz im Chor der Kirche. »Ja«, antwortet Frère Alois, »ein Kreuz, das jedoch nicht übermächtig, sondern sehr diskret ist. An ihren Enden laufen die eisernen Kreuzbalken in vier Herzen aus. Das will deutlich machen, dass dies Kreuz ein Ausdruck der Liebe ist. Aber – sehr diskret. Dieses Kreuz drängt sich nicht auf. Es erschlägt nicht.« ■ TS

Besuch bei Frère Roger

Der Gründer der Gemeinschaft von Taizé erzählt aus seinem Leben

VON ROGER SCHUTZ

Gott gibt in jedes Menschenherz eine kleine Gabe, die Gabe zu singen und zu preisen. Meine Mutter hatte diese Gabe. Sie konnte an dem Tag, an dem sie in hohem Alter starb und von uns ging, sagen: »Das Leben ist schön. Und Gott ist gut.« Sie legte alles in diese wenigen Worte. Als sie noch jünger war, sagte sie einmal – nach einem Herzinfarkt, als sie wieder sprechen konnte: »Ich habe keine Angst vor dem Tod. Ich weiß, an wen ich glaube.« Und nach einem Augenblick der Stille fügte sie hinzu: »Aber ich liebe das Leben.« Diese Worte möchte ich mir selber, Tag für Tag, zu meinen eigenen machen: Ich liebe das Leben. Und das Leben ist ein Geschenk.

Ich war in der Familie der Jüngste. Vor mir kamen sieben Schwestern. Sie spielten viel unter sich. Und wenn ich selber einmal etwas sagte, hielten die sieben Großen inne und lachten. Sie sagten: Roger hat auch mal etwas gesagt. Dann ging ihr Spiel weiter wie zuvor. – Man nahm mich ernst. Aber nicht mehr als nötig.

Wir hatten viele Onkel und Tanten, die unsere Familie gerne besuchten. Sie waren kinderlos. Ich kann mich gut erinnern: Ich fürchtete mich ein wenig vor ihnen. Sie gehörten alle zur Familie meiner Mutter und zeigten Mitleid mit ihrer Schwester oder Schwägerin, die so viele Kinder hatte. Ich begriff nicht viel davon, aber mir wurde klar, dass die letztgeborenen Kinder als überzählig galten. Sie sagten, ich solle mich gut benehmen – und ich tat das wohl, so gut es ging. Ich war ein sehr stilles Kind. Niemals durfte man weinen: »Ein Bub weint nicht!«

Eine Italienerin brachte Frohsinn in meine Kindertage. Sie half in der Küche und hatte sich auch um mich zu kümmern. Sie war ein sehr herzliches, warmherziges Wesen. Sie hörte einem zu. Man hatte ihr aufgetragen, mich in der Frühe immer kalt zu waschen. Schließlich sei ich ein Bub. Sie wusste, dass mir das im kalten Winter zusetzte. Sie konnte verstehen, dass mir zu viel abverlangt wurde, und sagte: »Das Wasser ist kalt, aber ich mache ganz schnell.« So hat jene Italienerin sich einen Platz in meinem Herzen erobert.

Meine Mutter war eine heitere, unbeschwerte Frau von großer Klarheit und großem Frieden. Öfter sagte sie: »Wenn jemand zornig wird, laut und ausfallend, kann ich mir nur vorstellen, dass er verrückt geworden ist.« Niemals wurde bei uns geschrien. Und auch in der Familie meiner Mutter kam das nie vor. Ihr Vater wies manchmal ihren älteren Bruder zurecht. Das machte meiner Mutter viel zu schaffen: »Was soll das?«, so fragte sie.

Ich hatte das Glück, eine Mutter zu haben, die das Gespräch suchte.

Eines Tages traf meine Großmutter bei uns ein. Ich kannte sie bis da nur aus Erzählungen. Es war während des Ersten Weltkrieges, und ich wusste, dass sie aus dem Kriegsgebiet kam. Wir erwarteten sie voll Ungeduld. Abends erreichte sie unser kleines Dorf im Juragebirge. Sie kam spät abends, in einem Auto. Das war damals mehr als ungewöhnlich. Ich durfte aufbleiben. Meine Großmutter stieg aus, trat in den kleinen Flur, umarmte zwei oder drei von uns – und erlitt einen Schwächeanfall. Aus ihrem Gepäck holte man eine rote Decke, wickelte sie darin ein und brachte sie auf ihr Zimmer.

Diese Großmutter hat mein Leben geprägt. Mein Vater sagte: »Sie hat ihr Leben für die Armen aufs Spiel gesetzt.« Sie beherbergte während der Bombenangriffe Menschen auf der Flucht. Ihre drei Söhne standen – für Frankreich – an der Front. Eines Tages forderten französische Offiziere meine Großmutter auf, mit dem letzten Zug selbst zu fliehen. Sie gelangte in ihre Heimatstadt Paris. Dort schlug »la grosse Berta«, die »Dicke Berta«, die schwerste Kanone der Armee des deutschen Kaisers, ein, ganz in der Nähe ihrer Unterkunft. Meine Großmutter war müde, sie hatte ihre Enkelin dabei. So floh sie.

Meine Großmutter sagte Worte, die wir hier in Taizé oft wiederholen. »Es darf nicht mehr geschehen, was ich durchmachen musste.« Oder: »Niemand soll je mehr sehen, was ich sehen musste.« Und: »Es geht um den Frieden, um jeden Preis.«

Und sie, die aus einer alten, seit Reformationszeiten protestantischen Familie stammte, ging in die katholische Kirche, um sich auszusöhnen und um als eine starke Frau ein starkes, mutiges Zeichen zu setzen, das über die Familientradition hinausreichte, um eines größeren Gutes willen, dem des Friedens.

Mein Vater, meine Mutter, die ganze Familie bewunderte sie zutiefst. Ich hörte manchmal sagen: »Die Großmutter ist eine Heilige.«

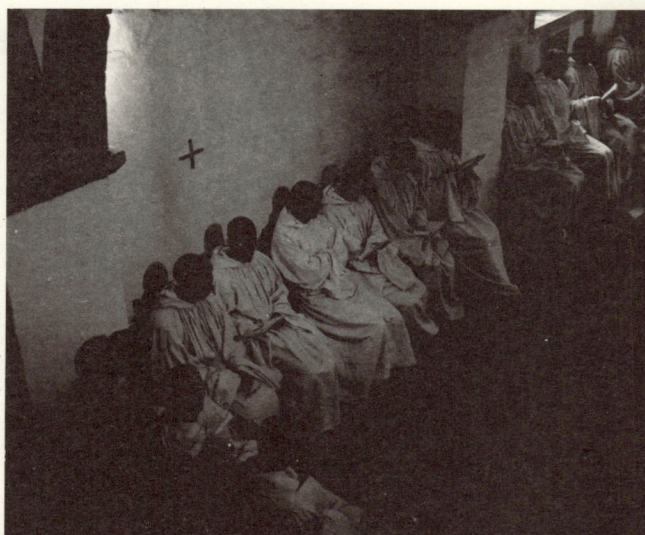

Als Jugendlicher wurde mir mit einem Mal klar, dass ich von Menschen umgeben war, die aufrichtig aus dem Glauben lebten. Und die das Geheimnis des Lebens ernst nahmen. Aber ich selbst brachte es nicht fertig, zu beten. Nach den Jahren meines Kinderglaubens war so etwas wie eine Leere entstanden. Eines Tages starb eine meiner Schwestern. Ich liebte diese Schwester innig. Sie musste sterben – und da kam mir ein Psalmwort als ein Gebet zu Gott: »Mein Herz sagt mir ein Wort, das von Dir kommt. Suche mein Angesicht! Dein Angesicht, o Herr, will ich suchen.« Ich wagte es, dieses Gebet zu sprechen. Es spiegelte meine damalige Verfassung wider. Und ich brachte sie vor Gott – den ich nicht sah, den ich nicht kannte, aber mit diesen Worten anreden konnte. Dieses Gebet behielt ich bei. Es ging mir ohne weiteres über die Lippen. Und ich konnte wieder beten.

»Christus, wir möchten so tief aus Deinem Vertrauen leben, dass die Quellen allen Übels versiegen. Jesus Christus, wie sehr wir auch zögern, du bist immer da: Als der Geringe Gottes. Aber auch als der Auferstandene stehst du an unserer Seite. Immer wieder sagst du zu dem Menschen: Gib dich meiner Gegenwart hin! Denk' daran: Selbst ein kleiner Glaube ist dafür genug.«

Schon bevor ich nach Taizé aufbrach, bevor ich das Leben hier begann, war mir klar, dass man ein gemeinsames Leben recht romantisch führen kann. Und dass die damals bekannten Versuche evangelischerseits vor allem restaurativ waren. Eben darum ging es mir ganz und gar nicht! Ich wollte zu den Anfängen zurückkehren, zu den Gemeinschaften der ersten Christen, die in vielem sehr anspruchsvoll waren. Die fähig waren, ihr Ideal zu verwirklichen. Ich wollte um jeden Preis vermeiden, dass Überkommenes einfach aufgefrischt wird. Da wäre es besser, einen anderen Weg einzuschlagen. »Weit vorangehen« ist ein Ausdruck, der mir von jeher zusagte. Ich wollte Risiken eingehen, für die anderen einen Weg einschlagen, der sehr weit führt. Aus dem Evangelium leben. Aus Christus leben, für die anderen. Diesen inneren Ruf habe ich mehrfach vernommen und gespürt.

Bevor sich die Frage nach dem monastischen Leben in der Gemeinschaft der Brüder stellte, überlegte ich, ob ich Schriftsteller werden sollte. Damals schrieb ich eine Novelle, die ein Buch füllte. Sobald ich nach Paris fahren konnte, brachte ich mein Manuskript zur Nouvelle Revue Française. Der Verlagslektor Jean Pollon empfing mich herzlich. Lange wartete ich auf seine Antwort. Zwei Monate später kam das Manuskript mitsamt einem Brief zurück. Der Lektor schrieb, ich müsse das Ende umarbeiten. Ich fragte: Wie, das Ende umarbeiten? Das kann ich nicht. Das ist für mich ein klares Zeichen, dass ich mit der Schriftstellerei aufhören soll. Dass die tiefe Berufung, die ich durch viele Ereignisse hindurch entdeckt hatte, eine Berufung von Gott ist.

Als ich im Sommer 1940 hörte, dass Hitlers Armeen nach Belgien und Frankreich vorrückten, ging ich für einige Tage in meine heimatlichen Schweizer Berge und dachte nach. Mit einem Mal kam mir: Die Zeit ist reif. Du hast lange genug überlegt – geh sofort nach Frankreich. Aber du brauchst dort ein Haus, wo du ein Leben lang ein gemeinsames Leben mit anderen führen kannst.– Ich fuhr mit dem Fahrrad los. Einmal ging es über eine Hängebrücke, die über den großen Fluss, die Rhône, gespannt war. Ich musste mein Fahrrad schultern und über den schwankenden Steg. Auf solchen Wegen kam ich schließlich nach Taizé.

Ich wollte mir Cluny ansehen. Der Name war mir vom Theologiestudium her geläufig. Ich hatte gehört, Cluny sei nur noch eine Lichtung. Ein öder Ort mit ein paar Ruinen. Doch so war es ganz und gar nicht: Ich fand 1940 eine Kleinstadt vor. Und in ihr einen Notar. Dieser Notar wies mich auf ein verlassenes Haus in nächster Nähe hin. Als ich dort ankam, war alles verschlossen. Das Haus war bereits seit Jahren verlassen. Eine Person in diesem winzigen Ort Taizé von 40 Einwohnern hatte den Schlüssel. Ich fragte eine alte Frau, ob es ein Gasthaus gäbe. Sie antwortete: Nein, aber essen Sie doch bitte bei uns mit! Ich aß mit ihr und ihrer Tochter. Während der Mahlzeit sagte sie: »Bleiben Sie hier! Die Winter sind hart. Wir sind so allein, so einsam.« Es gab kein fließendes Wasser, keine Telefon, keine geteerten Straßen – nur einen sehr schlechten Weg. Mir wurde klar, dass es diesmal gut zu überlegen galt. Auf der Reise zwischen Genf und Taizé hatte ich bereits zwei andere Häuser besichtigt. Sie waren in jeder Hinsicht verlockender. Aber die Worte der Frau hatten mich zutiefst berührt. Oft haben die Armen uns etwas zu sagen. »Höre auf sie!«, sagte ich mir. »Je weiter du in der Erfahrung deines Lebens mit Gott, in der Erfahrung eines Lebens in der Gemeinschaft mit Christus gehen willst, desto wichtiger ist es, nicht die großen Schwierigkeiten zu fliehen. Im Gegenteil: Mitten in sie hinein zu gehen. Und darin ein Leben der Gemeinschaft zu führen; ein Leben, in dem sich alles um die Liebe dreht.«

Ein Weg bot sich an, diese Gewissheit auf einzigartige Weise für mich selbst und für Gott in die Tat umzusetzen: Menschen beherbergen, die auf der Flucht vor Hitlerdeutschland waren. In Lyon gab es Leute, die auf alle erdenkliche Weise den Juden halfen, die aus dem besetzten

Communauté de Taizé: »Die gemeinsamen Gebete in der romanischen Kirche waren von so überströmender Fülle. Die Gewölbe gaben unseren Gesängen einen wunderbaren Klang ...«

Nordfrankreich über die Demarkationslinie flüchteten, die knapp nördlich von Taizé verlief. Sie sagten den Fliehenden, dass sie im Haus von Taizé bei mir Zuflucht finden konnten.

Ich fragte nicht nach den Namen oder Vornamen der Gäste. Darauf kam es mir nicht an. Alles andere hätte sie in Verlegenheit gebracht. Das war nicht nötig. Ich war oft überrascht, verstand meist nicht alles. Ich war jung und besaß noch nicht viel Menschenkenntnis.

Schlechter als im Haus von Taizé konnte man kaum wohnen. Ich kaufte alte Gebrauchtmöbel und hatte einen primitiven Küchenherd, der kaum funktionierte. Ich musste aus Nichts etwas machen. Wir brauchten zu essen. Ich baute Gemüse im Garten an, kaufte zwei Kühe und lernte melken. Wir hatten auch zwei Ziegen, und so konnte ich Käse herstellen.

Eine der beiden Ziegen war diabolique, außer Rand und Band. Ich musste sie in ihren Futtertrog zwängen und von hinten melken. Und selbst dann war sie kaum zu bändigen. Sie war grau. Die andere war eine schöne, dicke weiße Ziege, kreuzbrav. Sie ließ sich mühelos melken.

Damals hatten wir ein Tor, das abgeschlossen war. Ich ging immer, um zu öffnen. Die Glocke sorgte dafür, dass niemand ohne weiteres ins Haus kommen konnte. Ich ging über den Hof und öffnete das Tor. Draußen standen sehr unangenehme Leute, Gendarmen des Vichy-Regimes, das mit Hitlerdeutschland im Bunde war. Sie traten ein. Es war ihnen bekannt, dass ich Leute versteckte. Mir lag daran, dass niemand verhaftet würde. Das geschah an einem Herbstabend 1942. Mir wurde klar, dass wir alle vielleicht entdeckt und deportiert würden. Wohin wussten wir nicht? Vermutlich in den Norden. Damals war mir noch nicht bekannt, dass es Konzentrationslager gab.

Ein Kriegsgefangener

Seit drei Jahren schon waren wir nicht mehr in Taizé gewesen. Nun hat es uns wieder hingezogen. Zusammen mit einer kleinen Gemeindegruppe haben wir die Woche nach Pfingsten auf dem Hügel verbracht.

Ein paar Tage zuvor hatte ich eine Frau aus der Gemeinde im Krankenhaus besucht und die geplante Fahrt erwähnt. Da erzählte sie, wie nach dem letzten Krieg ein Soldat, der aus französischer Kriegsgefangenschaft heimkehrte, durch Beutelsbach kam. Sie sprach ihn an und meinte, er habe in Frankreich wohl viel durchmachen müssen. Da antwortete er: »Ich habe in Frankreich einen wahren Menschen getroffen.« Und er erzählte, wie er von Frère Roger aufgenommen und schlicht und einfach als Mensch behandelt worden sei, mitten im Feindesland, nach diesem Krieg mit seinem unsäglichen Elend.

Zusammen, so erzählte die Frau weiter, hätten sie geweint, und der Soldat habe gesagt, seine Kameraden und er hätten sich vorgenommen, jedes Jahr einmal zu Frère Roger zu fahren ...

Da musste ich erst einen Besuch im Krankenhaus machen, um diese Geschichte zu hören. Sie hat uns sehr berührt. Wir wussten ja, dass Frère Roger Kriegsgefangene bei sich aufgenommen hat. Doch nun ist Taizé für uns noch einmal ganz anders in Beutelsbach angekommen.

■ URSULA SATTLER

An jenem Abend, als die Gendarmen kamen, begriff ich wie nie, was es heißt, Angst zu haben. Die Angst vor einem namenlosen Unglück. Alles würde verschwinden. Damals sagte ich zu Gott, dass ich nicht mehr leben werde. Dass mein Leben auf der Erde bald zu Ende geht und dass man mich deportieren wird – dazu sagte ich Ja. Aber das, was ich begonnen hatte, sollte weitergehen. Ich wollte nur, dass es weitergeht. – Durch diese Hingabe fand ich zum inneren Frieden zurück. Ich brachte jemanden, der fliehen musste, in die Schweiz, und ich blieb dort. Am 11. November 1942 erfuhr ich, dass sobald ich nach Taizé zurückkehren würde, die deutsche Gestapo kommen würde.

Von Anbeginn an lag mir daran, ein gemeinsames Leben aufzubauen, in dem die Güte und die tägliche Versöhnung ein so ergreifender Ruf des Evangeliums ist, dass wir eines Tages zunächst zu den Christen sagen können: Was hilft es, sich auf einen Gott zu beziehen, der nichts als Liebe ist – wenn man dabei getrennt bleibt? Und manchmal sich streitet und misshandelt? Wie soll da die Gemeinschaft Christi, die Kirche denjenigen Menschen etwas bedeuten, die nichts vom Glauben wissen? Wie sollen wir verwirklichen, worum Christus betet: »Eins sein, damit die Menschen glauben können.« – Alles hing davon ab, dass wir dies zu mehreren versuchten.

Als ich 1942 begriff, dass ich nicht sofort nach Taizé zurückkehren konnte, begann ich mit zwei Brüdern, die ich in Genf kennen gelernt hatte, ein gemeinsames Leben zu führen, in Genf. – Als wir nach der Befreiung Ende 1944 nach Taizé zurückkehrten, hörten wir, dass ganz in der Nähe zwei deutsche Kriegsgefangenenlager errichtet wurden. Eines war nur 400 Meter entfernt. Wir überlegten, was wir tun konnten. Es war heikel. Der Krieg war noch nicht beendet. Wir beschlossen, den Kriegsgefangenen mit Liebe und Verständnis zu begegnen und sie zu uns einzuladen. In der Gegend war Furchtbares passiert unter deutscher Besatzung. Doch wir hatten eine Genehmigung mit der Unterschrift eines französischen Ministers. Mit diesem Ausweis konnten wir ins Lager und sonntags Gefangene ins Haus einladen. Wir hielten dann ein Gebet und gaben ihnen zu essen. So gut es ging steckten wir ihnen beim Abschied noch etwas zu essen in die Taschen. Das war schon unglaublich. Wir lernten unter ihnen Familienväter kennen, und auch junge Leute, die allein lebten. Die meisten standen fassungslos und zerschmettert vor einem Unglück, das sie nicht gewollt hatten, vor den katastrophalen Folgen des Nazismus.

Ich erinnere mich, dass die Bewacher, die sie begleiteten, ein oder zwei Mal sehr grob handelten. Ich kann nicht gut Menschen ertragen, die andere peinigen. Vielleicht waren sie nicht so, aber ich sah sie ein wenig als Sadisten. Die Schönheit der Region sagte mir sehr zu. Das hielt mich, als ich 1944 und 1945 das Abgründige im Herzen mancher Menschen feststellen mußte.

Das Böse, dies ist eine Seite – nicht der Menschheit –, aber doch des einen oder anderen Menschen, eine Seite, die ich am liebsten niemals kennen gelernt hätte.

Eines Tages fragten wir Brüder den katholischen Pfarrer der Gegend von Taizé, ob wir nicht in der verlassenen Dorfkirche von Taizé beten könnten, die an unser Haus grenzt ... Die gemeinsamen Gebete in der romanischen Kirche waren von so überströmender Fülle. Die Gewölbe gaben unseren Gesängen einen wunderbaren Klang. Und das hat uns unendlich geholfen. Tai-

Tag und Nacht geöffnet

Die romanische Dorfkirche ist ein Ankerplatz der Stille. »Ja«, sagt Frère Wolfgang, »beide Kirchen, auch die große Versöhnungskirche, sind Tag und Nacht offen. Sie werden nie zugemacht. Denn es kommen auch nachts Leute, die eine Zeitlang beten wollen.« In der großen Versöhnungskirche, einem modernen Bau aus Fertigbeton, ist tagsüber viel Bewegung. In der Dorfkirche dagegen scheint die Zeit stillzustehen. Es riecht nach Kerzen und Messing, immer gleich. ■ TS

zé ist von Musik geprägt. Vom ersten Tag an. Lange Zeit hindurch setzten wir uns jeden Abend zusammen. Es gab keinen Radioapparat, nichts dergleichen. Wir waren glücklich.

Es schien immer, als könnten wir durch unsere kleine Zahl auf den Ruf antworten, konkret und kontinuierlich eine Versöhnung unter den getrennten Christen zu leben. Ich hatte in den Konstitutionen der Ordensgemeinschaften gelesen und fürchtete deshalb etwas die große Anzahl von Brüdern der Communauté. Es schien mir wesentlich, dass wir für das, was von uns verlangt ist, zuallererst »Menschen der Gemeinschaft« sind. Dass wir eines Tages sagen können: In dem einzigartigen Geheimnis, das Christus ist, leben wir ein Gleichnis der Kirche.

Mein Vater war noch nicht sehr alt, als er eine Lungenentzündung bekam. Das war Anfang 1945, und ich war froh, dass ich gerade von Taizé in die Schweiz gekommen war. Er wollte, dass man ihn aufrichtete, weil er noch einmal mit mir reden wollte. Er hatte mir schon einmal vor seiner Krankheit ernst zugeredet. Man richtete den Schwerkranken auf, und er sagte zu mir: »Wie kannst du so weiter machen? Eines Tages wirst du von Almosen abhängen, das heißt, deine Freiheit an die Spender verlieren.« Ich antwortete: Nein, niemals. Jetzt haben wir noch etwas Geld. »Aber später«, bestand er. Ich sagte zu ihm: Ich habe in Taizé gelernt, Kühe zu melken, den Flüchtlingen, die ich versteckte, etwas zu essen zu geben. Ich molk unsere zwei Kühe, und wir konnten leben, dank der Milch. Darauf sagte mein Vater nichts mehr. Man legte ihn wieder hin. Er fiel ins Koma und starb.

Dass er mir noch diese letzte Frage stellen wollte, hat mich fürs Leben geprägt. Sie lag ihm am Herzen – und mir auch. Doch er hatte sie mir nie zuvor so deutlich gestellt.

Wir arbeiteten sehr viel. Und wir konnten als Gemeinschaft ein Leben lang von unserer eigenen Hände Arbeit leben. Als ich die Zerbrechlichkeit des menschlichen Herzens und Gewissens erkannte, war mir klar, dass wir in Taizé nur in einer großen Freiheit materiellen Gütern gegenüber etwas aufbauen können. Mag auch Armut kommen – ich mag das Wort Armut nicht, ich sage lieber Lebenseinfachheit. Die Armut kann man auch romantisch sehen, auf eine Weise, die vom inneren Ruf wegführt. Es geht darum, durch die eigene Arbeit für die Menschen zu sorgen, die Gott uns anvertraut hat. Alles wies darauf hin, dass es eine große Freiheit in Bezug auf Geld verlangt, wenn man eine Communauté ins Leben ruft, um gemeinsam Zeugen des Friedens, der Güte, der Gemeinschaft und der Versöhnung zu sein. Von Tag zu Tag zu leben, ohne Kapital im Rücken, lediglich mit dem, was für die nächsten Wochen nötig ist. Hinnehmen, dass man dabei in unvorhergesehene Situationen kommen kann ... Die Armut des Evangeliums bedeutet nicht Elend. Sie versperrt nicht den Zugang zu den schöpferischen Gaben. Sie vergräbt sich nicht, nein. Die Begabungen sind da. Und mit sehr wenig ist es möglich, einen Ort in ein Zuhause zu verwandeln.

Der alte Kardinal von Lyon, Erzbischof Gerlier, sagte zu Johannes XXIII., gleich nachdem dieser zum Papst gewählt worden war und noch vor dessen Amtseinführung: »Empfangen Sie gleich jetzt die Brüder von Taizé, um der ökumenischen Berufung zur Versöhnung willen.« Der Papst war einverstanden. Kardinal Gerlier sagte: »Sie müssen sie vor allen anderen Audienzen empfangen.« Das schien dem Papst nicht recht einzuleuchten. Der Kardinal schickte uns ein Telegramm. Wir antworteten, Frère Max und ich können gerne zwei Wochen in Rom bleiben. Aber er antwortete: Nein, ganz zu Anfang. Der Papst ist alt. Und als alter Mann weiß ich, dass im Gedächtnis nur das haften bleibt, was am Anfang geschieht. Sie werden vom Papst vor den Audienzen mit den anderen Delegationen empfangen, die zur Amtseinführung des Papstes anreisen.« Wir waren einverstanden.

Die erste Audienz bei Johannes XXIII. war außergewöhnlich. Der Papst sagte: »Das alles interessiert mich.« Er klatschte Beifall zu unserem Bericht. Ihm gefiel, was wir sagten. Er sagte: »Ich habe nicht viel Erfahrung mit solchen Dingen. Aber kommen Sie wieder!« Wir antworteten: Gewiss, wir kommen gern wieder. So fing eine Etap-

»Wir werden der Geschichte nicht den Prozess machen. Wir werden nicht herauszufinden suchen, wer Recht oder wer Unrecht hatte. Versöhnen wir uns!«: Papst Johannes XXIII. im Gespräch mit Roger Schütz und Max Thurian, die als Beobachter am II. Vatikanischen Konzil in Rom teilnahmen

pe in unserem gemeinsamen Leben an, die wir nie erwartet hatten.

Johannes XXIII. hatte sein Amt noch nicht lange angetreten, als er bei der Ankündigung des Konzils sagte: »Wir werden der Geschichte nicht den Prozess machen, Wir werden nicht herauszufinden suchen, wer Recht oder wer Unrecht hatte. Versöhnen wir uns!«

Johannes XXIII., der betagte Papst, war überzeugt, dass Gott uns Herzensgüte und tiefes Einfühlungsvermögen schenkt, um mit anderen etwas aufzubauen. Er verschenkte alles, was in seinem von lebendiger Nächstenliebe durchdrungenen Herzen war. Er wusste, dass dort, wo die Liebe und lebendige Nächstenliebe ist, Gott in Fülle ist. – Bei der letzten Audienz – wir wussten, dass der Papst schwer krebskrank war – wollte ich ihn ein letztes Mal mit Frère Alain und Frère Max sehen. Es wurde uns ein Tag genannt, an dem er sich ausruhte, an dem es keine anderen Audienzen gab. Wo Zeit war. Das hieß, wenn es ihm nicht gut geht, wird die Audienz verschoben. Jener letzte Vormittag in seiner Nähe hat alles, was danach bis heute sich entwickelte, stark geprägt – unsere ganze Berufung zur Versöhnungsarbeit.

Wir stellten damals dem Papst zwei besorgte Fragen. Er wollte nicht, dass wir uns Sorgen um die Ökumene machten. Er sagte, wir seien schon auf dem Weg in die Zukunft von Taizé. – Wir wussten nicht, was ohne ihn aus unserer Gemeinschaft würde. Wir wollten von ihm wissen, welcher Weg für uns in seinen Augen der Beste sei. Er hatte die Fähigkeit, das Vertrauen, das ihm eigen war, weiter zu geben. Das gehört in den Bereich der Wunder ... Auf die zweite Frage antwortete er mit weit ausladenden Gesten. Er sagte nochmals: »Machen Sie sich keine Sorgen!« Und er beschrieb die Kirche. Das stärkte uns für alles Kommende. Wenn es manchmal in bestimmten Milieus schwierig wird – in Milieus, in denen man nachdenkt, forscht und sich Sorgen macht –, sagen wir uns: Er, Johannes XXIII., hat uns damals gesagt: »Es kommt auf das Vertrauen an.« – Das wollen wir leben, bei aller Besorgnis. Denn Beunruhigung ist leider ansteckend.

Bald darauf ist er gestorben. Wir hörten die Nachricht im Radio. Am Pfingstmontag, den 3. Juni 1963 gingen wir gerade zur Kirche, als plötzlich ein Bruder kam und sagte: Soeben wurde der Tod von Johannes XXIII. gemeldet.

Während des anschließenden gemeinsamen Gebetes versuchte ich, etwas zu sagen, Gott für dieses Leben, für diesen Papst zu danken. Aber es war mir, als würde sich der Boden unter meinen Füßen auftun. Wer würde uns nun künftig solches Vertrauen, solche Herzensgüte, eine so tiefe Zuneigung entgegenbringen?

Dieser Mann Johannes XXIII. hat uns gewiss einen Weg gebahnt. Ich glaube, er hat, ohne sich darüber im Klaren zu sein, den Schleier über einem Stück des Geheimnisses der Kirche gehoben. Es genügte, den inneren Blick darauf zu richten, um zur Unbeschwertheit, zur heiteren Freude zurückzufinden. Man kann ohne weiteres sagen, dass Johannes XXIII. unser Leben am meisten geprägt hat. ∎

Beten – mit Gesängen aus Taizé

Das Geheimnis der Einfachheit und der gelassenen Wiederholung

VON FRÈRE WOLFGANG

Wenn man nach Taizé kommt, freut man sich besonders, wenn die Glocken zu läuten beginnen. Sie kündigen das Gebet an, das drei Mal am Tag auf dem Hügel stattfindet. Die Teilnehmer an den Jugendtreffen beenden ihre Gespräche und ihre Arbeit und machen sich einzeln oder in Gruppen auf den Weg zur Kirche. Tritt man in die Kirche ein, ist man hineingenommen in eine ruhige, besinnliche Atmosphäre. Der Altarraum ist erleuchtet und zieht mit seinen Ikonen und unzähligen Lichtern die Blicke der Menschen an. Die meisten knien oder sitzen auf dem einfachen Teppichboden. Auch die Brüder der Gemeinschaft kommen nach und nach herein und setzen sich in die Mitte der Kirche. Es wird ganz ruhig in Taizé. Dann beginnt ein Bruder mit einem Lobgesang, und alle anderen, Brüder wie Besucher, stimmen ein. Das Gebet hat begonnen.

Persönliche Erfahrungen

Unzählige Jugendliche aus allen Erdteilen, die Woche für Woche nach Taizé kommen, entdecken in Taizé eine ganz eigene Form des Gebets. Sie tun dort etwas, von dem ein Christ vor anderthalb Jahrtausenden sagte: Wer singt, betet doppelt. »Es ist manchmal mühsam, allein zu beten; vergessen wir nicht, wie schön das gemeinsame Gebet ist. Findet es seinen Ausdruck in einfachen Worten, in Hymnen und Gesängen, rührt es an den Grund der Seele«, schreibt Frère Roger, der die Gemeinschaft der Brüder ins Leben rief. Die Jugendlichen hier sind wie überall, aber in Taizé können sie lange Zeit hindurch beten, still sein und singen. Es ist, als wären sie selber erstaunt, dass sich in ihnen die Sehnsucht nach Gott regt.

»Ich kann mich noch genau daran erinnern, als ich das erste Mal in Taizé war und die Woche über immer wieder die Gesänge in den Gebeten mitgesungen habe«, erzählt eine Jugendliche. »Für mich ist es etwas Besonderes, zu wissen, dass ich drei Mal am Tag die Möglichkeit habe, an einem Gebet teilzunehmen, zu dem alle hingehen, das zum Tagesablauf dazugehört, eine Zeit, einfach dazusitzen, da zu sein, in Gemeinschaft mit anderen vor Gott, zu singen und Gott zu loben. Dass man dort zusammen betet und nicht alleine, ist etwas ganz Schönes. Beim Singen wird man von den anderen getragen; auch wenn ich nicht singe, geht das Gebet weiter. Wenn ich singe, singe ich eine Stimme von vieren, und die Schönheit entsteht gerade auch durch die verschiedenen Stimmen, die so schön zusammenklingen. Für mich haben die Gesänge etwas sehr Beruhigendes, ein Zu-sich-Kommen und innerlich Ruhigwerden. Sie haben eine Schönheit und Stärke, die durch das stete Wiederholen ihrer kurzen Zeilen mehr und mehr hervortritt. Die ruhigen Melodien passen so gut zu den einfachen, klaren Liedtexten, eine Einheit, in der deutlich wird, wofür man betet.«

»Die Gesänge sprechen von Gott oder von der Sehnsucht nach ihm und helfen, dass man sich ganz Gott zuwendet und offen wird für das Geschenk seiner Gegenwart«, meint ein Jugendlicher. »Man schaut von sich selbst weg zu dem, der größer ist, und die Seele kann sich öffnen vor Gott. Durch ihre Schönheit wecken die Gesänge eine Freude, die ansteckt und einen in den Lobpreis mit den anderen hineinhebt, mit denen man im Gebet versammelt ist. Es wird leicht, die Freude, die Gott schenken will, in sich und mit den anderen zu spüren. Und man kann in diesem Singen auch alles abgeben, was einen belastet; es Gott hinlegen und seiner Gegenwart entgegenwarten. Die Gesänge machen gewiss, dass Gott eine Zukunft des Vertrauens und der Hoffnung eröffnet, nicht eine der Angst.«

Engagement und Gebet

Unzählige Christen aller Jahrhunderte fanden mit einigen wenigen, oft wiederholten Worten den Weg zum beschaulichen Gebet, um Einheit in Gott zu finden. Die Gesänge, die kein festgelegtes Ende haben, klingen bei der Arbeit, bei Begegnungen und in der Freizeit weiter. Sie verbinden Gebet und Alltagsleben. Bei Tag und bei Nacht setzt sich das von vielen gemeinsam gesungene Gebet unbewusst in der Stille des Herzens fort. »Die Gebete ermutigen mich, jetzt froh zu sein und mich für die Liebe Gottes und die

Freude und den Frieden, den er schenkt, zu öffnen und dieses Geschenk jetzt zu leben. Sie machen Mut, diese Freude in den Alltag hineinzutragen ... Ihre Hoffnung klingt in mir nach, wenn ich zum Beispiel arbeite oder mich mit anderen Jugendlichen austausche«, sagt eine Jugendliche. Und ein Jugendlicher ergänzt: »Hier ist das Gebet ein Teil vom Ganzen. Das Gebet ist die Mitte, aber darum herum ist noch viel mehr. Es geht nicht darum, in ein Gebet, einen Gottesdienst zu gehen und dann in einen Alltag zurückzukehren, der damit nichts zu tun hat, sondern es geht darum, miteinander auch auf eine sehr einfache und gastfreundliche Weise zu leben.«

Dass die Gesänge eine Stütze im Alltag sein können, berichtet eine Erwachsene: »Am Schluss eines Liedes heißt es: ›Und ich fürchte mich nicht.‹ Ich merke, dass ich bei dem vielen Singen selber gelassener geworden bin. Wenn ich als Ärztin den ganzen Tag über die große Angst von Menschen erlebe, von Kranken, bin ich ganz voll von der Furcht der anderen Menschen. Das kann ich nicht alleine tragen. Und deshalb singe ich diese Gesänge so gern. Wenn man mit Jugendlichen singt und betet, kann man zum Vertrauen kommen.«

Engagement und Gebet sind für die Brüder von Taizé auf ihrer Suche nach Versöhnung von jeher untrennbar verbunden. »Das Gebet ist eine ungebrochene Macht, die im Menschen wirkt und ihn durchformt; sie lässt es nicht zu, dass er die Augen vor dem Bösen verschließt, vor den Kriegen, vor dem, was unschuldige Menschen auf der Erde bedroht. Im Gebet findet man Kraft für den Kampf, Lebensbedingungen zu verändern und die Erde bewohnbar zu machen. Wer Christus nachfolgt, bleibt gleichzeitig Gott und den Menschen nahe, er trennt nicht zwischen Gebet und mitmenschlicher Solidarität«, schreibt Frère Roger im Vorwort zum aktuellen Gebetbuch von Taizé.

Eine Gebetsform für alle

Der unerwartete Zustrom zahlloser Jugendlicher aus den verschiedensten Ländern stellte die Communauté Ende der sechziger Jahre vor die Aufgabe, ihre gemeinsamen Gebete für alle mitvollziehbar und so zugänglich wie möglich zu gestalten. Die »Gesänge aus Taizé« ermöglichen die Beteiligung einer wöchentlich wechselnden Menge, die über keine gemeinsame Muttersprache verfügt. Sie können ebenso leicht im kleinen Kreis wie mit Tausenden in Domen oder Messehallen gesungen werden. Sie haben, verglichen mit anderem traditionellem Gottesdienstliedgut, keine lange Geschichte. Taizé besteht seit gut 60 Jahren. Es ist weiterhin im Wachsen, und die Gebetsform bleibt unabgeschlossen.

Die Brüder orientieren sich am Gebetsschatz der Kirche, den Psalmen, Bibellesungen, Fürbitten und liturgischen Gebetstexten. Sie schöpfen auch aus der überlieferten Kirchenmusik des Westens, insbesondere den Chorälen, und aus den Hymnen der Ostkirche. Sie suchen immer wieder nach neuen Gesängen mit Worten, die Jugendlichen etwas sagen. Oft bestehen ihre Texte aus Zeilen, die vor über tausend Jahren geschrieben wurden, wie Augustinus' Zeilen: »Jesus Christus, inneres Licht, lass nicht zu, dass mein Dunkel zu mir spricht. Gib, dass ich deine Liebe empfangen kann.« Sie kleiden sich in Bekenntnisse wie: »Meine Hoff-

Gottesdienst in der Versöhnungskirche von Taizé: »Im Dunkel unsrer Nacht entzünde das Feuer, das nie mehr erlischt«

nung und meine Freude, meine Stärke, mein Licht, Christus, meine Zuversicht, auf dich vertrau ich und fürcht mich nicht.« Oder in Bitten wie: »Im Dunkel unsrer Nacht entzünde das Feuer, das nie mehr erlischt.« Die Texte helfen zu beten, Worte zu finden, wenn man nicht weiß, wie man beten soll.

Pater Joseph Gélineau, ein Jesuit und französischer Liturgiewissenschaftler, stellt in einem in Taizé entstandenen Videofilm (»Gebete mit Gesängen aus Taizé«) fest: »Die Wiederentdeckung der fortgesetzten Gesänge, die beginnen und dann irgendwann viel später wieder aufhören, hat einen großen Vorteil: Auf diese Weise entsteht ein Freiraum. So paradox es klingt: Es entsteht ein Leerraum – wie in der Stille –, in dem der Geist zum Tragen kommen kann. Das gilt besonders, wenn man immer dieselben Worte wiederholt, weil sich dann der Verstand nicht mit Begriffen auseinander setzen und sich auch nicht die Frage stellen muss, wie lang das Ganze dauert. Ich denke, dass man hier zu einer sehr wichtigen Dimension des Gebetes gelangt: zur Absichtslosigkeit.«

»Es kommt sehr darauf an, dass die Gottesdienste die anbetungswürdige Gegenwart des Auferstandenen ahnen lassen, insbesondere durch die Schönheit der Lieder und Gesänge«, schreibt Frère Roger und zitiert den Geiger Yehudi Menuhin: »Sobald Worte gesungen werden, dringen sie bis in die Tiefe der Seele. Ich bin überzeugt: Die Jugendlichen, die heute die Kirchen meiden, würden in sie hineinströmen, könnten sie nur in ihnen das Mysterium finden, das dort seinen Raum haben müsste.«

Die »Gesänge aus Taizé« wirken in Ruhe und ohne Beiwerk in ihrer ursprünglichen Einfachheit und Authentizität. Zwischen der musikalischen Durchführung und den wenigen, ständig wiederholten Worten besteht eine innige Entsprechung. Hier wird überdies eine sehr alte Gebetsweise aufgegriffen, die sich an das Rosenkranzgebet oder das Namen-Jesu-Gebet in der Ostkirche anlehnt.

Nicht nur in Taizé

Die Gesänge, die in Taizé mit vielen Menschen gesungen werden, eignen sich auch für Gebete zu Hause im kleinen Kreis oder in der Gemeinde. Es kommt bei der Umsetzung in Gebeten und Gottesdiensten darauf an, dass die Gesänge in ihrer Eigenart begriffen und in derselben Einfachheit wie in Taizé belassen werden. Es geht nicht lediglich darum, sich neues Liedgut anzueignen, sondern sich die Gebetsweise und die Gebetsinhalte zu erschließen, die diese Gesänge fördern wollen. Einmal in der Woche gibt es in Taizé ein Werkstatt-Treffen für alle, die zu Hause die Gesänge weiterverwenden möchten. In Taizé wird ein Grundwissen vermittelt, so dass sie nicht nur begeistert, sondern auch mit einigen praktischen Hinweisen nach Hause fahren. Dann müssen sie einfach selbst anfangen. Und aller Anfang ist schwer. Immerhin haben seit vielen Jahren Gemeinden und Ortskirchen Gesänge aus Taizé in ihre Gesang- und Gebetbücher aufgenommen.

Bleibt ein letzter Aspekt zu erwähnen: Die Zahl der ungetauften Jugendlichen, die sich an den Treffen in Taizé beteiligen, nimmt naturgemäß zu. Die Gesänge haben in ihrer Einfachheit eine Art Brückenfunktion. Es erweist sich, dass sie die unterschiedlichsten Jugendlichen ansprechen, auch diejenigen, die bislang kaum Zugang zur Kirche hatten. ■

Der Beitrag wurde von Jugendlichen in Taizé gemeinsam mit Frère Wolfgang von der Communauté erstellt

FOTO: LEUTENEGGER

Drei Mal Schlange stehen

Es gibt einen lang gestreckten Platz zwischen der Versöhnungskirche und der Küche neben dem Glockenturm. Auf diesem Platz formiert sich im Sommer Tag für Tag – und drei Mal täglich – die bis zu 600 Meter lange Schlange all derer, die zum Essen anstehen. Manchmal stehen da drei bis viertausend Menschen. Fröhliche Gelassenheit herrscht vor. Eine Wolke von Stimmen, Gelächter und Gesängen in vielen Sprachen umgibt die Schlange vor der Essensausgabe.

Beim Mittag- und Abendessen wird stets nur ein Löffel ausgeteilt, keine Gabel und kein Messer. Weshalb eigentlich?, will ich wissen. Frère Wolfgang lacht. »Ja, nur ein Löffel, das spart Arbeit beim Abspülen, Aufräumen und Herrichten. Überhaupt«, so erzählt der Bruder, der die Jugendtreffen seit vielen Jahren mitbetreut, »die Küche ist fast so etwas wie ein kleines Wunder. Denn die Jugendlichen organisieren die Küche selber. Da ist ein Kern von Freiwilligen, die mehrere Monate oder ein Jahr über in Taizé mitarbeiten. Zu diesem Kern stoßen viele Mithelferinnen und Mithelfer, die sich bereit erklären, während ihrer Woche in Taizé einen Dienst, beispielsweise bei der Essensausgabe, zu übernehmen. Mich beeindruckt das sehr, wenn ich diese Bereitschaft bei jungen Leuten erlebe, kurz nach ihrer Ankunft schon mit anzupacken. Taizé funktioniert nur, weil alle – oder zumindest die meisten – bereit sind, mitzuhelfen. Die Atmosphäre ist so offen, dass junge Leute, die gerade mal einen Tag hier sind und die noch nie zuvor in Taizé waren, den Schrubber in die Hand nehmen oder den Staubsauger in der Kirche. Und auch auf diese Weise machen zuvor fremde Menschen Taizé zu ihrem Ort.«

Frère Wolfgang fährt fort: »Es gibt keine Hauptamtlichen, die in Taizé angestellt sind und für die Besucher arbeiten. Nein, die Besucherinnen und Besucher machen bei jeder der nötigen Arbeiten mit. Deshalb müssen die Arbeiten und Abläufe möglichst einfach strukturiert sein, damit die Hilfsbereiten auch wirklich viel Zeit für sich selber finden während ihrer Woche in Taizé. Zeit, ihren eigenen Fragen nachzugehen; Zeit, um in der Bibel zu lesen; Zeit einfach für Stille.« ■TS

Heimat, im weiten Sinn

Was bedeutet Ihnen Taizé?
Fragen an Rudolf Roth

VON THOMAS SEITERICH-KREUZKAMP

PUBLIK-FORUM: *Sie sind katholischer Priester. Sie lebten und arbeiteten lange in Frankreich. Was bedeutet Ihnen Taizé?*
RUDOLF ROTH: Heimat. Im weiten und im geistlichen Sinne des Wortes Heimat.
PUBLIK-FORUM: *Wie fing alles an?*
RUDOLF ROTH: Ich bin 1965 zum ersten Mal nach Taizé gekommen. Damals war ich Kaplan in Neu-Isenburg. Ich bin während der Sommerferien mit meiner Mutter hingefahren, nachdem ich in Deutschland von Taizé gehört hatte. Wie wohnten damals nicht auf dem Hügel, sondern in dem seinerzeit noch existierenden Bahnhofshotel des Nachbardorfes Cormatin. Ich bin in die Versöhnungskirche, die Église de la Reconciliation, gegangen und fühlte mich mit einem Mal sehr, sehr zu Hause.
PUBLIK-FORUM: *Weshalb? Was war das Anziehende?*
RUDOLF ROTH: Ich denke, das Erste bei all dem Anziehenden hängt mit meiner Geschichte, mit meinem Leben in Frankreich zusammen: Ich habe in Taizé eine Liturgie, einen Gottesdienst erlebt, mit Psalmen nach den Melodien von Joseph Gélineau. Und eine Gemeinschaft von Mönchen, die sich nicht in ein Chorgestühl zurückgezogen hat, sondern sich im offenen Raum, umgeben von einer niedrigen Betonwand, inmitten der Kirche, unter den Leuten zum gemeinsamen Gebet versammelte. Alle knieten im Fersensitz; eine Meditationshaltung, die mir anfangs sehr schwer fiel. Aber ich habe sie in Taizé gelernt, und sie hat mich begleitet bis in mein Alter.

Und dann war dieser Mensch anziehend – Roger Schutz, der Prior. Von ihm bekam ich den Eindruck, dass er ein sehr charismatischer Mensch ist. Das ist nicht falsch zu verstehen: Nicht überschwänglich, nicht frömmelnd oder abgehoben, nein, ein Mensch mit beiden Füßen auf dem Boden, auf der Erde, doch glaubwürdig und voller Hoffnung und voller Güte.
PUBLIK-FORUM: *Sie haben eine persönliche Beziehung zu Roger Schutz. Was verdanken sie ihm?*
RUDOLF ROTH: Es war damals die äußerst bewegte Zeit am Ende des Konzils. Als sich abzuzeichnen begann, dass der Aufbruch unter dem 1963 verstorbenen Papst Johannes XXIII. in der katholischen Kirche beendet war und wieder ein eher restriktiver Kurs von Rom vorgegeben wurde. Es kamen die 1968er-Unruhen an den Universitäten. Ich war Schulpfarrer, meine Schüler demonstrierten gegen die Notstandsgesetze. Alles war im Umbruch. Ich war damals 28, 30 Jahre alt. In jenen Jahren gab es auch bei mir, in meinem Leben an der Nahtstelle zwischen Jugendlichen und etablierter Kirche, jede Menge Konflikte.
PUBLIK-FORUM: *Sie waren Kaplan.*
RUDOLF ROTH: Ja, und innerkirchlich gab es Konflikte bis hin zum Bischof. Das war damals Kardinal Hermann Volk in Mainz. Schließlich war ich drauf und dran, die Kirche – weil sie zu erstarren schien und in meinen Augen ihren Aufbruch verraten hatte – zu verlassen. In jener Situation habe ich ein langes Gespräch mit Roger Schutz in Taizé geführt. Es wurde entscheidend für meinen weiteren Weg. Denn er hat mich nicht auf den Winter in der Kirche aufmerksam gemacht, sondern auf den Frühling der Kirche.
PUBLIK-FORUM: *Wie hat Schutz das konkret getan?*
RUDOLF ROTH: Wir waren zu Fuß unterwegs. Er nahm ein trockenes Blatt vom Wegrand auf. Er legte es auf die Hand, und dann sagte er: Und Gottes Geist bläst es weg! Roger Schutz blies das alte, tote Blatt weg. Ich habe diese aussagekräftige Geste nie vergessen. Ich bin Priester geblieben.
PUBLIK-FORUM: *Wie hat sich Taizé verändert?*
RUDOLF ROTH: Das ist eine schwierige Frage, denn Taizé verändert sich ständig. Meine erste Überraschung, 1965, war: Mönchen zu begegnen, die ganz anders und viel weniger reserviert gegenüber uns »Weltlichen« waren wie die Benediktiner, die ich bis dahin kennen gelernt hatte. Mönche ohne Habit, ohne Ordensgewand.

Die nächste Phase war, als sehr viele Jugendliche nach Taizé kamen, im Schnitt etwa zehn Jahre jünger als ich. Damals trugen fast alle den berühmten »weißen Stein«, le caillou. Ein Stück Ton aus der Gegend von Taizé mit dem Daumenabdruck darin, der mit Email ausgegossen war. Das war eine Zeit lang wie ein Erkennungszeichen. Es wurde später durch das berühmte Kreuz von Taizé abgelöst, einer Mischung aus Kreuz und Taube, also dem Symbol für den Heiligen Geist.
PUBLIK-FORUM: *Der weiße Stein, le caillou, erinnerte an die Offenbarung des Johannes.*
RUDOLF ROTH: Ja, da ist die Stelle aus der Offenbarung des Johannes: »... ich werde dem Sieger einen weißen Stein geben«. Das Zeichen stand für Individualität, persönliche Entscheidung und gleichzeitig für Gemeinschaft. Es war ein Zeichen für Heil und Heilung, mitten in aller Verschiedenheit.
PUBLIK-FORUM: *Wie antwortete Taizé auf die gesellschaftlichen Konflikte?*
RUDOLF ROTH: Auf den damals sehr zugespitzt ausgetragenen Generationenkonflikt antwortete Taizé sehr originell. Mit einem großen Schild. Es war neben dem Eingang zur

Mit Jugendgruppen nach Taizé: »Das letzte Stück Weg sind wir zumeist gepilgert, zu Fuß. Dieser Hinweg war wichtig, ein guter Auftakt«

Kirche angebracht. Keiner kam an seiner Botschaft vorbei. Sie lautete: »Ehe ihr eintretet: Versöhnt euch. Der Vater mit dem Sohn, die Mutter mit der Tochter ...« Es wirkte wie ein heilsamer Schock. Taizé war eine Weg-Kirche. Wir machten uns auf den Weg, Versöhnung zu üben, manchmal zähneknirschend gegen unsere eigene Obrigkeit.

PUBLIK-FORUM: *Wie ging es weiter?*

RUDOLF ROTH: Ich bin viele Male in den kommenden Jahren mit Jugendgruppen von acht bis zwölf Personen nach Taizé gefahren. Das Auto haben wir in Tournus stehen lassen. Das letzte Stück Weg sind wir zumeist gepilgert, zu Fuß. Dieser Hinweg war wichtig, ein guter Auftakt. Was mir auffiel, war, dass die Jugendlichen in Taizé dann sich sehr schnell in verschiedene Gruppen mit Fremden aufteilten. Wenn wir abends zusammenkamen, waren sie voll von neuen Eindrücken. Es gab viel Begeisterung, die uns trug. Wenn ich dann von Taizé nach Hause kam und zufällig Eltern traf, dann sagten die mir, ihre Tochter, ihr Sohn sei irgendwie verändert, und zwar positiv. – Sehr wichtig war für die Jugendlichen die Stille. Ich führe das auf die Zeit damals zurück: Es war eine äußerst unruhige Zeit, insgesamt sehr aggressiv. Und da bot ein Ort wie die romanische Dorfkirche von Taizé so etwas wie einen bergenden Halt.

PUBLIK-FORUM: *Später wurden die Beziehungen nach Taizé spärlicher. Was ist Taizé nicht? Wo liegen die Grenzen von Taizé?*

RUDOLF ROTH: Ich kann nur sagen, wo für mich die Grenzen von Taizé lagen. Ich stellte bei mir – und auch bei den Jugendlichen, mit denen ich nach Taizé pilgerte – fest, dass das Bedürfnis nach Stille wuchs. Ich tendierte mehr nach einem Stille-Ort. Den fand ich dann im Carmel de la Paix, einem höchst sympathischen Karmelitinnenkloster gut 20 Kilometer südlich von Taizé. Dort habe ich dann viele Male Stille Zeit gehalten. Dabei bin ich, meistens zu Fuß, nach Taizé gewandert. Das war in den achtziger Jahren.

PUBLIK-FORUM: *Was findet heute ein Erwachsener in Taizé?*

RUDOLF ROTH: Da sind zum einen die Erwachsenen, die in den sechziger, siebziger oder achtziger Jahren jung waren. Wenn die hierher kommen, denke ich an einen kleinen Seufzer, den ich beim Abendgebet gestern Abend an meiner Seite gehört habe: »Ja, ich bin wieder da.« Ich denke mir, wenn die Kinder groß und erwachsen geworden sind, wenn der Zenith der Berufskarriere überschritten ist und auch die Ehe und Beziehungen in realistische Bahnen gefunden haben, da wird Taizé wieder aufgesucht mit einer leisen Sehnsucht. Taizé ist für unzählige Erwachsene ein wichtiger Baustein im Haus ihres Lebens geblieben. Und so kommen viele nach Taizé im Alter von 50, 55 Jahren – wenn es um Neuorientierung geht, etwa um die Frage: Wie werde ich mein Altern bewältigen und gestalten? Ich vermute, dass in der Gestalt des sehr gealterten und doch so lebendigen Roger Schutz ein Modell von Altwerden uns vorgelebt wird.

PUBLIK-FORUM: *Wie erleben Sie das Miteinander von Erwachsenen und Jugendlichen in Taizé?*

RUDOLF ROTH: Die Erwachsenen scheinen anfangs etwas überrascht, wie viele Jugendliche in Taizé drei Mal am Tag am Gebet in der Kirche teilnehmen und jeweils rund zehn Minuten Stille halten. Doch die Kraft dieser gemeinsamen Stille überträgt sich. Diese Kraft brauchen erwachsene Menschen von heute, weil wir alle in einer schwierigen Glaubensphase sind. Wir sind mitten im Übergang in eine transkonfessionelle, nachkirchliche Zeit und Frömmigkeit, deshalb suchen nicht nur Jugendliche, sondern auch viele Erwachsene in Taizé Orientierung. Sie finden in Taizé viel gelebte Zuversicht, Güte und auch Hoffnung. ■

Der Platz vor der Kirche

»Die Versöhnungskirche *Église de la reconciliation* wurde Anfang der sechziger Jahre gebaut«, sagt Frère Alois, der mich begleitet. »Sie wurde rasch zu klein. Da haben wir die Vorderwand herausgerissen. Man hätte damals abwehrend sagen können, es kämen zu viele Besucher – ihr könnt nicht mehr kommen. Die Brüder haben jedoch damals eine andere Entscheidung getroffen. Sie ist zugleich ein Zeichen dafür, wie wir als Communauté leben wollen: Wir rissen die Vorderwand der Kirche heraus, obgleich da ein großes Glasfenster war, zum Westen, zum Sonnenuntergang hin. Wir haben Rolltüren eingebaut, die man hochdrehen konnte. Vor Ostern und den Sommer über wurde ein großes Zirkuszelt an die Kirche angebaut. Und in dieser überraschenden Kombination von Zirkuszelt und Kirche haben wir 15 Jahre lang gebetet, gemeinsam mit den Jugendlichen, die zu uns kamen.

Es gab dann zwei schlimme Unwetterstürme. Dabei wurden die Zelte zerfetzt. Wir entschieden: Die Zelte immer wieder zu ersetzen, das wird zu teuer. Wir müssen die Kirche auf sturmfeste Art erweitern. Deshalb haben wir Fertigbauteile angebaut.«

Und die sind ebenfalls provisorisch?, frage ich.

»Ja«, antwortet Frère Alois, »die sind auch provisorisch, das sieht man sogar. Aber auf diese Weise können wir die Kirche erweitern, so wie wir das brauchen; sie größer oder kleiner machen – und je nach Jahreszeit die Jugendlichen so empfangen, wie es am besten ist.«

Ich frage: In der Entscheidung, die Kirchenmauer teilweise niederzureißen, wird deutlich, wie Sie als Communauté leben. Wie wollen Sie leben?

Frère Alois antwortet: »Auf die Herausforderungen von heute eingehen und immer wieder entdecken: Was sind die Herausforderungen der Gegenwart an unsere insgesamt doch kleine Communauté. Wir kommen aus so vielen verschiedenen Ländern, aus über 25 Staaten ...«

Die Versöhnungskirche *Église de la reconciliation* wurde Anfang der sechziger Jahre gebaut (unteres Foto): »Sie wurde rasch zu klein. Da haben wir die Vorderwand herausgerissen und Fertigbauteile angebaut«

Wie viele sind Sie zur Zeit?, möchte ich wissen.

Frère Alois antwortet: »Rund 100 Brüder. Ein Drittel von uns lebt nicht in Taizé, sondern in kleinen Fraternitäten – in Bangladesch, in Südkorea, im Nordosten von Brasilien, einer sehr armen Gegend. Im Senegal gibt es eine Fraternität, also in einem muslimischen Land. Alles das sind Zeichen, dass wir uns nicht nach Taizé zurückziehen wollen. Wir wollen präsent sein, offen für die Fragen von heute.

Wir leben als ein kleines Zeichen von Christen, die auf dem Weg sind. Nicht von Leuten, die schon angekommen sind. Ich arbeite seit vielen Jahren für die Jugendtreffen« – sagt der Bruder, der 1974 in die Gemeinschaft von Taizé eintrat. »Aber ich habe nicht den Eindruck, dass wir die Lösungen schon gefunden haben für die vielen Fragen, die sich heute stellen, in der Gesellschaft und in der Kirche. Diesen Eindruck habe ich überhaupt nicht. Aber: Wir wollen auf dem Weg sein. Und alle Leute, die kommen, sollen sich als eingeladen erfahren. Sie sollen sich eingeladen wissen, den Weg ein Stück weit mit uns zu gehen.« ■ TS

Leben, »unplugged«

Meine persönliche Ost-Erweiterung

VON VERA RÜTTIMANN

Wer das Taizé der frühen 80er Jahre kennt, der staunt, wenn er heute am »Accueil«, dem »Empfang«, ankommt. Auf den Wegweisern sind zu den bekannten westlichen Sprachen viele slawische hinzugekommen. Das Anmeldungsprozedere erscheint aufwändiger als früher. Und: Taizé prosperiert, ist gewachsen. Nicht nur die Baracken-, vor allem die »Zeltstadt« auf den Feldern. Selbst die Luft schmeckt anders. Der Geruch von gegrilltem Fleisch und Feuerrauch schlägt einem im Frühsommer von weitem entgegen. Auf den Wiesen scheint eine Mischung aus »Rock am Ring« und Kirchentag abzulaufen. In entspannter Runde sitzen dort Jugendliche in eher biederer Kleidung neben gepiercten Punks, Studenten in Sakkos neben Blumenkindern mit Klampfe. Da und dort wird ein Joint geraucht. Allen Orts wird gesungen, getanzt. Vor den Zelten steigen, gerade nachts, regelrechte Happenings. »Laudate omnes gentes!« Das Taizé des Jahres 2004 ist für manchen »Alt-Taizéjaner« in vielem anders – und doch seltsam vertraut.

Tiefe vertraut

Da ist dieser typische Anstieg auf den Hügel hinauf durch den alten Dorfkern von Taizé. Der ockerfarbene Kies, der unter den Schuhen knirscht. Das Pfeifen des Superschnellzugs TGV, der fernab unten im Westen durch das flache Land gen Paris braust. Die Mauerblumen, die noch immer gelb aus den Ritzen lugen. Da ist dieses Stück Honigkuchen und der Kakaotrunk in diesen Taizé-typischen bonbonfarbenen Plastikschalen, die einem beim Empfang gereicht werden. Da ist das Stück Papier, das die unveränderten täglichen Gebets-, Bibel-Einführungs- und Essenszeiten enthält. Und da ist wieder diese Irritation des Ankömmlings über die »Existenz des Provisorischen«, die die Kommunität seit jeher pflegt. Alles wirkt fließend, spontan, ungezwungen. Die Atmosphäre steckt, auch heute, sofort an.

Und da ist dieser vertraute Glockenklang aus dem hölzernen Glockengerüst, der drei Mal täglich dafür sorgt, dass die Leute die Dinge, die sie gerade tun, ruhen lassen. Die Gebete in der Versöhnungskirche, sie sind noch immer der Dreh- und Angelpunkt eines jeden Tages hier. Die »Église de la réconciliation«: Den Rucksack kaum verstaut, zieht es einen unweigerlich in diese merkwürdig anmutende Kirche mit dem Zeltvordach. Wie ein unsichtbares Magnetfeld wirkt sie, dem man sich kaum entziehen kann. Vielleicht aus dem Wissen heraus, dass man oder frau hier inmitten der auf dem Boden sitzenden Leute einst erstmals richtig beten gelernt hat. Auch, weil man hier erfahren hat, dass Stille mehr bedeutet als die Abwesenheit von Worten. Niemand hüstelt, rutscht nervös auf dem Stuhl herum oder wartet, bis es endlich vorbei ist. Vielleicht auch, weil man inmitten der weißgewandeten Brüder der Kommunität von Taizé erstmals erfahren hat, was das ist, ein monastisches Leben.

Und dann diese Kirche. Die aufgespannten tieforangfarbenen Segel im Altarraum, die bis zur Decke reichen. Die fehlenden Kirchenbänke und die Taizé-eigene Liturgie. Frère Roger kommt, da körperlich geschwächt, nicht mehr zu jedem Gebet. Noch immer aber lauschen alle gebannt, wenn der 89-Jährige seine Sätze in das Mikrofon haucht. Seine Worte scheinen wie Wassertropfen auf den Wüstensand zu fallen. Dann, einer inneren Gesetzmäßigkeit gleich, erklingt auf dem Hügel eine Melodie, die zu einem Klangteppich anschwillt. So ist das heute, so war es schon damals.

Als der Osten Wirklichkeit wurde

Die burgundische Kommunität war schon lange, bevor ich Taizé 1986 kennen lernte, das Symbol für eine besondere Form der Spiritualität, ja eines eigenen kirchlichen Lebensstils. Das Buch von Kathryn Spink, »Frère Roger. Ein Leben für die Versöhnung«, war regelmäßig vergriffen. Der Taizé-Bazillus grassierte auch in meiner Pfarrei, daheim in der Schweiz. Die Erfahrungen, die Jugendliche hier machten, sollten auch für mich prägend sein. Unser damaliger Gemeindevikar Ernst Heller drückte uns 17-Jährigen damals ein Einladungsfaltblatt zu einer Taizé-Woche in die Hand, Aufschrift: »Aufbruch ins Ungeahnte«. Damals wusste ich noch nicht, dass dieser Satz in Taizé tatsächlich Gestalt annehmen würde. Schon an der Grenze zu Frankreich in Genf überkam mich eine ungekannte Vorfreude.

Die damalige Oktoberwoche brachte völlig neuartige Erlebnisse mit sich. Die Gesänge, die Gebete, die Stille – ich hatte das Gefühl, eine neue Lebensquelle zu entdecken, die mir Kraft und Energie gab. Ab 1986 war Taizé mit seinen Jahres-End-Treffen in Europas Hauptstädten fest verankert in meinem Jahresplaner. An politischen Vorgängen interessiert, ahnte ich zudem – mit vielen anderen – schon damals, dass auf diesem Hügel nahe Cluny bedeutsame Dinge vor sich gingen, obwohl ich sie noch nicht genau eruieren konnte. Doch ich wusste, dass ich zu einem spannenden Zeitpunkt nach Taizé kam.

In einem Buch sollte Frère Wolfgang später schreiben: »Ab Mitte der 80er Jahre fuhren wir häufig, aber unauffällig nach Osteuropa, versuchten die Jugendlichen dort in ihrem couragierten Handeln zu bestärken. Nach 1989 konnten wir viele Früchte ernten.« Diese Periode, als sich der Charakter der Treffen zu verändern begann, bekam ich mit.

Als Schweizerin wusste ich damals wenig bis nichts über das Leben in den ost- und mitteleuropäischen Ländern. Ich hatte keine Freunde aus dem Osten. Der Osten, das war ein Begriff auf der politischen Landkarte für mich, sonst nichts. Ein schwarzes Loch. Doch auf diesem Hügel in Burgund sollte sich dies ändern. Erst kamen sie vereinzelt, dann immer häufiger: Polen, die beim Tee von ihren Erlebnissen mit *Solidarnosc* erzählten. Tschechoslowakische Jugendliche, die berichteten, wie ihre Kirche in der CSSR unterdrückt wird. Unter Gefahr für Leib und Leben geflüchtete junge DDR-Bürger, die uns den Zustand ihres Landes und die heranwachsende Opposition beschrieben.

Diese Begegnungen hatte etwas Verwegenes, Abenteuerliches. Alles mutete fremd, zugleich jedoch faszinierend an. Sie sprengten meinen Horizont auf. Die europäischen Taizé-Treffen in London, Paris und später vor allem Wroclaw/Breslau 1989 hatten diesbezüglich für mich eine durchschlagende Wirkung.

Die Zeltstadt

Jedes Jahr im Februar werden viele Zelte aufgebaut. »Die großen Zelte für die Begegnungen, die kleineren für die Unterkunft«, sagt Frère Alois. »Wir wollen nur ein Minimum von festen Bauten errichten.« Zelte seien gut biblisch, sage ich. »Ja«, antwortet der Frère, »und Zelte sind vor allem provisorisch. Damit bleiben wir beweglich. Wir binden uns nicht an feste Baustrukturen, sondern wir können uns dem anpassen, wie sich die Sache entwickelt.« Vor drei Jahrzehnten gab es viele Militärzelte auf dem Hügel, erinnere ich mich. »Ja«, sagt Frère Alois, »grüne Militärzelte, die hatten wir lange. Heute haben wir blaue Zelte, mit hellem Dach.« Viele Besucherinnen und Besucher der Treffen von Taizé bringen ihr eigenes Zelt mit. So zieht sich jeden Sommer über eine leichte, stets in Veränderung begriffene bunte Stadt aus vielen Zelten über den Hügel. ■ TS

Stil prägend fürs Leben

Die Begegnungen mit Ungarn und Polen meines Alters und die sich daraus entwickelnden Freundschaften führten dazu, dass ich im November 1989 mit einigen von ihnen die »Samtene Revolution« in Prag erlebte und schließlich ab Dezember in der Ex-DDR hängen blieb. Eine tiefe Freude erfüllte mich, als ich erkannte, zu welch subversiver Kraft Taizé in den 80er Jahren gerade in der DDR heranwuchs. Erst jetzt verstand ich, was Vaclav Havel, der Revolutionär von Prag und erste Präsident eines befreiten Tschechien, meinte, wenn er von der »Macht der Machtlosen« sprach.

Wenn Leute älteren Jahrgangs von ihren Taizé-Erfahrungen reden, hört man sie oftmals sagen, die Kommunität wirke auf ihr Verhalten im Alltag »Stil-prägend«. So war und ist dies auch in meinem Berliner Leben. Das Taizé der 80er Jahre, die Gebete im Kölner Dom, Petersdom und Notre Dame bei den Europäischen Treffen »alten« Stils, die »Solidarnosc«-Transparente in Wroclaw, die ganz »andere« Karlspreisverleihung an Frère Roger im Mai 1989 in Aachen – diese Erlebnisse gruben sich nicht nur tief in mein Innerstes ein. Sie wirkten sich auch auf den Alltag aus: »Taizé« lehrte mich, neugierig und offen auf Menschen fremder Prägung zuzugehen, seien es Christen oder Leute der PDS; Schritte ins Unbekannte zu wagen, auch wenn man sich dabei die Finger verbrennt; für mein Christ-Sein einzustehen, sei es allein unter Atheisten oder in einem Artikel für das »Neue Deutschland«; offen über Dinge wie Taizé zu reden an Orten, wo sonst nur zählt, »was hinten rauskommt«; motiviert zu sein, ein mehrmonatiges Praktikum zu absolvieren an einem »Ort der Hoffnung« wie der Kreuzberger Jesuiten-Wohngemeinschaft, wo Randständige aller Art Kraft tanken können.

Die Erfahrungen auf dem Hügel motivierten mich, mitzuhelfen, damit örtliche Taizé-Gebete oder die Tradition der »Nacht der Lichter« in Kirchen gebildet werden können. Immer wieder symbolisch das »Silence«-Schild hervorzukramen und Momente der Stille in meinen Alltag einzubauen. Taizé, dessen Gebete, Gesänge und Alltag sich in großer Schlichtheit zeigen, lehrte mich zudem schon früh, dass auch ein Leben »unplugged« genießbar ist. Als Schlafplatz kann auch mal der nackte Boden dienen, das Essen kann einfach sein.

Taizé ist schließlich ein Provisorium: Am Ende eines Europäischen Treffens werden Stellwände, Ikonentafeln und Stoffbänder wieder ab- und an einem neuen Ort aufgebaut. Nirgendwo sieht man Spuren eines Definitivum. Dieses Bild hat mich stets beeindruckt. Diese Erfahrung lehrte mich schließlich, etwas Unfertiges für eine Weile stehen lassen zu können, um es später zu vervollständigen. Wenn heute nicht wenige fragen, was Taizé nach der charismatischen Gründerfigur Frère Roger sein wird, so weiß ich mit Unzähligen selbst: Taizé ist längst zu einem eigenen kirchlichen Lebensstil gereift. Denn darum geht es, wenn jeweils am Treffen-Ende darüber nachgedacht wird, wie man seine Taizé-Erfahrung zu Hause fruchtbar machen kann.

Die Fragen und Sehnsüchte bleiben

Taizé, ich staune oft selbst, ist ein Dauerbrenner. Noch immer strömen Leute unaufhörlich nach Südburgund. Sie trinken aus Schalen Tee, der oftmals mehr nach Spülmittel schmeckt. Heute frage ich: Was zieht Jugendliche heute dorthin? Die Gründe ihres Kommens differieren, dennoch lassen sich bestimmte Grundtendenzen erkennen, die auch mit meiner Generation übereinstimmen. Viele kommen aus Tradition, manche aus Neugier. Taizé ist jedoch noch immer ein Ort, der durch seine Form und Ausstrahlung zur inneren Standortbestimmung einlädt. Fragen wie »Was fängst du mit deinem Leben an?«, »Wie gehe ich durch eine innere Wüste?« oder »Wozu bin ich berufen?« werden auf dem Hügel seit Jahrzehnten gestellt und rühren auch heute an das Innerste eines jeden.

DEN GEIST GOTTES ATMEN UND LEBEN

Ein weiterer Grund für das Kommen: Das unverändert einzigartige Gemeinschaftserlebnis spiritueller wie zwischenmenschlicher Art, von dem Taizé seit seinen Anfängen geprägt ist. Die Sehnsucht danach scheint mir sogar stärker denn je. Wenn ich heute nach Taizé gehe, begegnet mir im Fragen und Suchen der jungen Kids ein noch anderes wichtiges Element von Taizé: Die Leute dort kommen nicht zusammen, um einander zu missionieren. In Taizé werden nicht Fragen gestellt, um beantwortet zu werden. Sie werden gestellt, damit man sich mit ihnen beschäftigt. Vorformulierte Antworten, das wollten wir 16-Jährige schon damals, anfangs der 80er Jahre, nicht!

Noch etwas ist gleich geblieben: Damals wie heute ist Taizé Anlaufstelle für Jugendliche, die mit der institutionalisierten Kirche nur wenig am Hut haben. Das stört die Bruderschaft nicht. »Bei uns wird niemand gefragt, warum er kommt, was er glaubt. Er bekommt seinen Becher, seine Barackennummer und kann eintauchen in das Leben hier«, sagt Frère Wolfgang. Die ungezwungene Form, das Frei-atmen-Können, das schätzen die Jugendlichen auch heute. Ein Interesse teilen sie nach meiner Sicht jedoch alle: die Suche nach Gott, nach dem Sinn des Lebens, sei es nur das eines Augenblicks.

Heute spüre ich, dass der Erfolg ihrer Arbeit den Brüdern zuweilen selbst etwas unheimlich wird. Sie betonen bei jeder Gelegenheit, dass Taizé keine außerkirchliche Bewegung sein will. Man wolle aber gemeinsam in Bewegung sein auf einem »Pilgerweg des Vertrauens«. Auch will man junge Leute nicht von der Kirche entfernen, sondern ihnen eher einen neuen Zugang zu ihr verschaffen. Dies gelingt Taizé auf vielfältige Weise.

Vorweggenommene Ost-Erweiterung

Oft las ich aus Artikeln über Taizé die Kritik heraus, die Kommunität lege mehr Wert auf das wohlige Gemeinschaftsgefühl. Gesellschafts- und kirchenpolitische Fragen kämen dagegen zu kurz. In der Tat habe auch ich schnell erkannt, dass die Sprache von Taizé nicht diejenige von Erklärungen, Forderungen und Strategiepapieren ist. Das habe ich als Jugendliche zuweilen vermisst. Taizé sollte, so wünschte ich, mehr gegen den Stachel löcken! In der Tat stehen für die Kommunität die Themen Glauben und Gottessuche an entscheidender Stelle. Und doch: Auf den Treffen, vor allem auf europäischer Ebene, nehmen gesellschaftspolitische Themen für mich heute einen ebenso großen Stellenwert ein wie Fragen des Glaubens und der Spiritualität. Noch immer erlebe ich, wie Jugendliche über kirchliche Fragen hinaus sensibilisiert werden. Taizés Politik ist schlicht, Begegnungen über Sprach-, Religions- und Ländergrenzen hinaus zu ermöglichen.

In Sachen Ost-West-Verständigung mischt Taizé heute ganz vorne mit. Denn »Taizé 2004«, das ist auch das Gesicht des neuen, nun erweiterten Europas. Ob an den Interkontinentalen Jugendtreffen im Burgund oder am Jahresende beim nächsten Europäischen Treffen in Lissabon – wenn sich Jugendliche aller Konfessionen dort treffen, erneuern sie auf ihre Weise stets neu die Hoffnung Frère Rogers, Taizé solle die Seele Europas sein. Lange vor dem Stichtag des 1. Mai 2004, als die europäische Union erweitert worden ist, symbolisierten für mich die Taizé-Treffen mit ihrem friedvollen Zusammensein von Ost und West ein lebendiges, ja vorweggenommenes Stück der Ost-Erweiterung, die nun vollzogen wird. Taizé ist auch hierin gelebte Grenzüberschreitung. ■

FOTO: KNA/ESSER

In der Versöhnungskirche

Wir stehen in der Kirche, im weiten, freien Raum. Frère Alois sagt: »Drei Mal am Tag kommen wir alle hier zusammen. Das ist eigentlich das Herz des Lebens hier: Das gemeinsame Gebet.« Wie lange machen Sie das schon?, möchte ich wissen. »Seit 1974 bin ich dabei, seit rund 30 Jahren«, sagt der Bruder. »Und Frère Roger, der Prior und Gründer der Gemeinschaft, macht das seit 63 Jahren. Alleine hat er angefangen. Dann kamen die Brüder und schließlich immer mehr Besucher ... Das dreimalige tägliche Gebet bildet die Grundpfeiler, die es braucht, um insgesamt beweglich zu bleiben. Es ist schon umwerfend: Die Vielfalt der Menschen, die hier am Gebet teilnehmen. Aus verschiedenen Konfessionen, aus vielen Nationen, aus verschiedenen Kontinenten. Manche, die ganz tief glauben, und andere, die mehr auf der Suche sind und sich fragen: Was kann der Glaube für mich bedeuten?«

Es gibt keine Bankreihen in dieser von einem warmen Licht aus vielen farbigen Glasfenstern durchfluteten Kirche, dafür gibt es umso mehr freien Raum. Zum Gebet lässt man sich auf dem Boden nieder. Der Platz der Brüdergemeinschaft ist durch Buchsbaumkästen inmitten der Kirche markiert. Sie sind beweglich. Diese Schranke jedoch ist nur von symbolischer Bedeutung. Sie reicht gerade mal bis auf Kniehöhe.

Hat jeder Bruder seinen festen Platz?, möchte ich wissen. Frère Alois antwortet: »Nein. Wir sind so viele. Mancher Bruder hat einen festen Platz, weil er mit einem bestimmten Mikrofon einen Text vorlesen oder einen Gesang singen muss. Und andere Brüder haben stets den gleichen Platz, weil sie das so gerne haben. Wieder andere Brüder wechseln den Platz. Das hat keine sehr feste Ordnung. Außer Frère Roger, der Prior. Er hat einen festen Platz, sichtbar, nahe bei den Besuchern, weit hinten, im provisorischen Anbau der Kirche. – Es steht niemand vorne beim Gebet, aber alle schauen in dieselbe Richtung, nach Osten, wie es der Tradition der Kirche entspricht.« ■ TS

Die Ikonen und das Kreuz

Seit wann gibt es Ikonen in Taizé? »Die ›Ikone der Freundschaft‹ hat Frère Roger schon sehr bald gehabt«, sagt Frère Alois. Das Andachtsbild steht in der Kirche links vom Platz des Priors. Es ist ein Abbild einer sehr alten Ikone, die aus dem 6. Jahrhundert stammt und in Ägypten gemalt wurde. Die Ikone heißt: »Christus mit seinem Freund«. Man erkennt die typisch ägyptische Malweise, mit den großen offenen Augen, den großen Köpfen. Es liegt etwas Erwartungsvolles auf den beiden Gesichtern. »Das Wichtige an dieser Ikone ist, dass Christus den Freund begleitet«, sagt Frère Alois. »Er legt ihm den Arm auf die Schulter und er geht mit ihm einen Weg. So wollen wir eigentlich Christus in unserem Leben sehen. Und wir wollen alle, die nach Taizé kommen, darauf hinweisen: Christus begleitet uns, auch wenn er unsichtbar ist. Er geht mit einem jeden den Weg.«

Die Ikonen markieren verschiedene Andachtsorte in der großen Kirche. »Sie sind wie Bibelworte. Sie laden zur Meditation, zum Verweilen, zum Schauen und zum Gebet ein«, sagt Frère Alois. Die Ikone beim Lesepult zeigt Pfingsten: Die Apostel sind da und erwarten den Heiligen Geist. Man sieht die Feuerzungen.

Am Platz des Priors ist eine Ikone, die Christus bei der Auferstehung zeigt. »Man erkennt, wie Christus die Tore der Hölle zerbricht. Wenn man ganz genau hinschaut, sieht man, wie da Nägel und Marterwerkzeuge herumliegen. Doch Christus nimmt Adam und Eva bei der Hand – also: alle Menschen.« Der Bruder sagt: »Darin liegt eine tiefe Wahrheit: Er nimmt alle, jeden und jede, bei der Hand und will sie befreien.«

Die Marien-Ikone in der Kirche von Taizé wurde anfangs der 1960er Jahre als Geschenk von dem damaligen russisch-orthodoxen Metropoliten Nikodim von Leningrad mitgebracht. Ein Zeichen der Freundschaft, aus Russland. »Die Ikonen bedeuteten uns immer viel«, sagt Frère Alois. »Sie bilden auch stets einen Ausdruck unserer Verbundenheit mit den Ostkirchen.«

»Seit den 70er Jahren halten wir an jedem Freitagabend ein Gebet vor der Kreuz-Ikone. Dabei wird das Kreuz auf den Boden gelegt. Und alle, die wollen, können zum Kreuz kommen, einen Moment innehalten, das Kreuz berühren«, erzählt Frère Alois. »Das Kreuz ist bei uns nicht ein Symbol für das Leiden, sondern für die Auferstehung, für die Überwindung des Leidens. Also ein Zeichen der Hoffnung für uns. Wir können unsere Lasten, die persönlichen sowie die Leiden der Menschen in aller Welt, bei Christus abladen.«

Ein Bruder aus der Communauté hat diese Kreuz-Ikone gemalt, nach dem Vorbild des Kreuzes vom Heiligen Franz von Assisi. Die Woche über steht diese Kreuz-Ikone vorne rechts im Chorraum der Kirche. Ihr Stehen symbolisiert die Auferstehung. Es ist ein Kreuz, das weniger das Sterben und Leiden als vielmehr die Auferweckung und Verklärung zeigt. Unter dem Kreuz stehen Maria und Johannes.

An jedem Samstagabend ist in der Kirche eine Auferstehungsfeier, die mit vielen Kerzen begangen wird. Das Licht wird weitergegeben. Es wandert und erfüllt den weiten Raum. Taizé ist kein Ort der Leidens-Mystik, sondern vielmehr ein Ort der Hoffnung auf Auferstehung. »Jeder Sonntag ist eigentlich ein Fest der Auferstehung«, sagt Frère Alois. »Wir gehen stets vom Freitag, dem Gebet vor dem Kreuz, weiter zur Feier der Auferstehung am Sonntag. Jeder erhält sein Licht, seine Kerze. Es gibt dabei, wie im Glauben, nicht ›mehr‹ oder ›weniger‹ – es gibt nur für jeden und jede ein Licht.«

■ TS

Zehn Minuten

Eines von vielen Taizé-Gebeten, im Wetzlarer Dom

VON EVA BAUMANN-LERCH

Am schwierigsten sind immer die Minuten, bevor es losgeht. Die Leute kommen klappernd in den Dom, kämpfen mit der schweren Tür unserer Seitenkapelle, stehen unschlüssig vor den Stühlen und Gebetshockern, blinzeln in die ungewohnte Dunkelheit. Jetzt ist noch jeder einzeln. Bringt sein Tagesgeschäft mit, seinen Ärger, seine Unruhe. Jetzt fällt es noch schwer, die Stille auszuhalten.

Dann sage ich kurz guten Abend, erkläre den Ablauf, und endlich kommt das erste Lied: »Dans nos obscurités ... – Im Dunkel unserer Nacht entzünde das Feuer, das niemals verlischt.« Wir schauen in die kleinen Kerzen auf dem orangefarbenen Tuch, singen das Lied einmal, zweimal, wieder und wieder. Niemand zählt die Wiederholungen, wir singen, solange es uns gut tut. Nach einer Weile falle ich in den Alt, und Katrin improvisiert leise eine Oberstimme. Wir werden leise, summen die Melodie, werden wieder laut. In der Kapelle kehrt Ruhe ein, fällt die Last einsamer Sorgen von den Schultern, verbindet ein Lied aus Burgund gut ein Dutzend verstreuter Individuen zu einem Kreis.

»Taizé-Gebet« nennt sich unsere Stille Zeit am Freitagabend, die wir seit vier Jahren in der Advents- und der Fastenzeit in der Wetzlarer Domgemeinde anbieten. Dabei ging dieses Gebet eigentlich gar nicht von Taizé aus. Ich war noch nicht mal dort gewesen. Wir waren einfach drei Frauen, die eine Alternative zu den herkömmlichen Gottesdiensten und Andachten suchten, Meditation, persönliches Gebet und Stille. Und weil wir das nicht allein in unserem Wohnzimmer machen wollten, erbaten wir uns die kleine, mit Sisalteppich ausgelegte Nikolauskapelle, legten Decken, Tücher und Kerzen hinein und machten es zu einem offenen Angebot für die ganze Gemeinde.

Dann war die Frage, was wir da singen. Die Lieder aus dem Gesangbuch waren uns zu ausgeleiert, der moderne Sacro-Pop nicht meditativ genug. Die Gesänge aus Taizé drängten sich da ganz von selber auf. Sie sind sehr einfach, sie entfalten sich in der Wiederholung. Und sie sind mehrstimmig; mit etwas Mut kommt ein warmer Chor zu Stande:

»Bleibet hier und wachet mit mir, wachet und betet. / Bleibet hier und wachet mit mir. / Bleibet hier ...«

Inzwischen singen wir die Sätze oft auswendig, mit halb geschlossenen Augen, gleichmäßig, wie beim Atmen im Schlaf.

Dorothea liest einen Psalm; eine Kerze gibt ihr das nötige Licht. Im Nachhinein ist es erstaunlich, wie sehr unser Freitagstreffen ganz unabsichtlich den Ablauf annahm, den die Brüder für die Taizé-Gruppen in den örtlichen Gemeinden empfehlen: Psalm, Evangelium, Stille, Fürbitten, Vaterunser und dazwischen immer wieder Gesang. Ein Muster, das Taizé-Kreise auf der ganzen Welt praktizieren. »Eine kleine Gruppe, die sich nicht um sich selber dreht, sondern sich im Gebet mit Menschen aller Länder und Zeiten verbunden weiß, verwandelt jeden Kirchenraum in einen gastlichen Ort«, schreiben die Brüder in unserem Taizé-Liederheft. Und die Atmosphäre, hier am Freitagabend in der Seitenkapelle, gibt ihnen Recht.

Manchmal lesen wir aber auch eigene Texte. Oder kurze Anleitungen, um körperlich zur Ruhe zu kommen. Betrachtungen von Anselm Grün, Edith Stein, Jörg Zink. Was uns halt so kommt. Was uns in dieser Woche wichtig ist. Auch den Evangelientext wählen wir nicht aus irgendwelchen Leseordnungen, sondern immer ein Stück, das uns gerade was sagt. Heute habe ich das Gleichnis vom Sämann gewählt, der seine Körner verstreut. Auf Sand, auf Stein, unter die Dornen, auf Ackerboden.

Dann geht der Gong. Zehn Minuten Stille.

Hier in Wetzlar ist die Saat ganz langsam aufgegangen. Im ersten Jahr blieben wir meistens zu viert oder fünft. Für die Gemeinde war das, was wir taten, dieses Hocken auf dem Boden, dieses Dunkel, diese ausländischen Lieder, die mantrischen Wiederholungen, vermutlich erst etwas suspekt. Später kam ein neuer Kaplan in die Gemeinde, unterstützte uns mit Werbung, Plakaten und seiner Anwesenheit. Zum Glück hat er nie versucht, unser von Frauen initiiertes Laiengebet an sich zu reißen oder umzugestalten. Er war einfach bei uns, betete mit und saß still

daneben, wenn eine von uns den Segen sprach. Später kamen schon mal ganze Gemeindegruppen, wollten sehen, was da Neues geschah. Manche blieben, viele auch nicht. Und der »kreative Männerkreis« hat uns dann einen Schwung Gebetshocker gebaut.

Heute sind es meist so um die zwölf, auch schon mal zwanzig Besucher. Sie kommen aus unserer Gemeinde, den umliegenden Dörfern, hin und wieder sind es Touristen. Mehr Frauen als Männer, und leider nur selten Jugendliche.

Zahlen spielen jetzt keine große Rolle mehr. Wir freuen uns über Zulauf, strahlen, wenn es viele sind. Aber gerade an den Abenden, wo nur eine Hand voll Menschen da sind, wird die Nähe intensiv, das Schweigen dicht, der Gesang sehr innig. Wir machen das nicht in erster Linie für die anderen. Wir brauchen das selbst. »Ich will sitzen und schweigen und hören, was Gott in mir redet« (Meister Eckhart). Die Kerzen flackern, die alte Heizung knackt ein bisschen. Manche sind auf ihren Stühlen zusammengesunken, haben den Kopf in die Hände gestützt, andere sitzen, wie in der Zen-Meditation, kerzengerade auf dem Hocker. Zehn Minuten, manchmal etwas länger.

Mit dem Körper beten

Mit dem Körper beten? Der freie Raum der großen Kirche, die mit einfarbigem, einfachem Teppichboden ausgelegt ist, lädt dazu ein. »Ja. Manchmal drücken wir leichter etwas durch eine Geste aus als durch Worte«, sagt Frère Wolfgang. »Das gilt schon in jeder menschlichen Beziehung, in jeder Freundschaft ... Jede Freundschaft lebt von Gesten, nicht nur von Worten. Und so ist es auch mit unserer Beziehung zu Gott.«

Ist die Gebärde, die Geste weniger als das Wort?, möchte ich wissen. »Nein, die Geste drückt genau so viel aus wie ein Wort. Die Geste kann uns vielleicht wieder zum Wort hinführen. Sie hilft vielleicht auch, wieder etwas formulieren zu können. Und umgekehrt: Das formulierte Wort lädt uns ein, auch eine Geste zu leben. Es braucht beides.« ■ TS

»Wir haben jetzt die Gelegenheit, unsere Bitten vor Gott zu bringen«, sagt Dorothea dann. Wir bitten, einzeln und frei. Für uns selbst, wegen unserer Sorgen und Probleme. Für unsere Kinder und Freunde. Für unsere Gemeinde und für unser Land. Für den Frieden in den Krisengebieten der Welt. Und nach jeder Bitte stimmt Katrin ein »Kyrie« an.

Diesen Teil hielten wir anfangs für den schwierigsten. Unser Gebet offen und frei vor anderen auszusprechen kam uns wie ein Outing vor, das vielleicht in eine Pfingstgemeinde passen mochte, aber nicht in unseren tausend Jahre alten Dom. Inzwischen spüren wir, dass die Anwesenden sich gerade auf die Fürbitten freuen. Dass wir gerade hier etwas sehr Persönliches tun, das es sonst kaum gibt. Die Dunkelheit gewährt beim Sprechen Schutz, und das Kyrie der anderen Unterstützung. Am Ende schließen wir auch die Bitten ein, die wir nicht auszusprechen wagten.

»Bless the Lord my soul ... – Preise den Herrn, meine Seele, er führt mich in das Leben.« Manchmal ist das Singen voller Last, müde und schleppend. Und manchmal, am Ende, reißt es fast mit, wie ein Lachen, das ansteckt, breit und laut wird: »... who leads me into life.«

Dorothea erbittet den Segen, formuliert ihn spontan, jeden Freitag neu und ein bisschen anders. Wir sind freier geworden in den Jahren, seit wir dies hier begonnen haben. Wir erleben dieses Gebet als unser Gebet, diese Kapelle als Ort unserer Begegnung, wir erleben uns selber als Kirche. Wir haben die vorgegebenen Formen und Abhängigkeiten hinter uns gelassen, erfahren uns als Christen, mündig und lebendig. Auch die Beziehungen mit allen, die regelmäßig kommen, sind tiefer geworden, gewinnen ihre Kraft aus gemeinsamer Stille.

Und nächsten Monat fahren wir jetzt doch einmal zusammen nach Taizé. An den Ort, aus dem unser Gebet im Wetzlarer Dom seinen Namen, seinen Geist und seine Lieder hat. ■

»Für mich ist Liturgie nicht einfach ein Tun, sie ist ein Gedanke. In der Liturgie liegt eine verborgene, verschwiegene Theologie« PAUL RICOEUR

Was ich in Taizé suche?

Seit Jahrzehnten ist der französische Philosoph Paul Ricoeur ein Freund von Taizé

VON PAUL RICOEUR

Was ich in Taizé suche? Ich würde sagen, eine Erprobung dessen, was ich zutiefst glaube: Dass das, was man gemeinhin »Religion« nennt, etwas mit Güte zu tun hat. Die Traditionen des Christentums haben dies ein wenig vergessen. Es gibt eine Art Einengung, Engführung, Beschränkung auf die Schuld und das Böse. Ich unterschätze dieses Problem keineswegs; es hat mich über mehrere Jahrzehnte sehr beschäftigt. Aber ich kann nicht umhin, eines nachzuvollziehen: So radikal das Böse ist – es ist nicht so tief wie die Güte. Und wenn die Religion, die Religionen einen Sinn haben, dann den, den Bodensatz an Güte der Menschen freizulegen; ihn dort zu suchen, wo er nahezu vollständig versickert ist. Hier in Taizé sehe ich, wie die Güte sich Bahn bricht: in der Geschwisterlichkeit unter den Brüdern; in ihrer gelassenen, taktvollen Gastfreundschaft und im Gebet. Ich sehe Tausende von Jugendlichen, die vom Guten und Bösen, von Gott, von der Gnade und von Jesus Christus nicht in einer ausgeprägt begrifflichen Sprache reden, doch sie leben in tiefer Hinwendung zur Güte.

Die Sprache der Liturgie

Wir werden übermannt von großen Reden, Polemiken, dem Ansturm des Virtuellen, die heute eine Art undurchsichtiges Feld schaffen. Die Güte liegt tiefer als das tief gehendste Böse. Diese Gewissheit müssen wir freilegen und ihr eine Sprache geben. Die Sprache, die ihr in Taizé verliehen wird, ist nicht die der Philosophie, nicht einmal die der Theologie, sondern die der Liturgie. Für mich ist Liturgie nicht einfach ein Tun, sie ist ein Gedanke. In der Liturgie liegt eine verborgene, verschwiegene Theologie, die sich in der Vorstellung zusammenfassen lässt, dass »das Gesetz des Betens das Gesetz des Glaubens« ist.

Vom Einspruch zum Zeugnis

Ich würde sagen, dass die Frage nach der Sünde wegen einer vielleicht schwerwiegenderen Frage ihren zentralen Stellenwert verloren hat, nämlich der Frage nach dem Sinn oder dem Un-Sinn, nach der Absurdität.

Wir sind aus der Kultur hervorgegangen, die Gott tatsächlich getötet - das heißt das Absurde und den Un-Sinn über den Sinn gestellt – hat. Und dies reizt zu einem tief greifenden Einspruch. Ich verwende dieses Wort, das in seiner Bedeutung dem Wort Zeugnis nahe kommt. Ich würde nun sagen, dass das Zeugnis aus dem Einspruch dagegen hervorgeht, dass das Nichts, das Absurde, der Tod das letzte Wort haben sollen. Dies hat etwas mit meiner Frage nach der Güte zu tun, weil die Güte nicht nur die Antwort auf das Böse, sondern auch die Antwort auf den Un-Sinn ist. Im Begriff Einspruch (»protestation«) liegt das Wort Zeuge (»témoin«, lateinisch »testis«): Man macht einen »Einspruch« (»protester«), bevor man etwas »bezeugen« (»attester«) kann.

In Taizé geht man den Weg vom Einspruch zum Zeugnis. Und dieser Weg führt über das Gesetz des Betens, das Gesetz des Glaubens. Der Einspruch liegt noch im Verneinenden, er ist ein Nein zum Nein. Doch hier ist ein Ja zum Ja gefordert. Es gibt also einen Vorgang, bei dem Einspruch in Zeugnis umschlägt. Ich denke, dass dies durch das Gebet geschieht.

Heute Morgen gingen mir die Gesänge sehr nahe, die Gebets-Anrufungen in der Form: »O Christus!« Sie bedeuten, dass wir uns weder im Beschreibenden noch Vor-

DEN GEIST GOTTES ATMEN UND LEBEN

»Ich habe den Eindruck, dass in der geduldigen und stillen Zuverlässigkeit sämtlicher Handlungen der Mitglieder der Communauté alle gehorchen, ohne dass jemand befiehlt. Daraus ergibt sich der Eindruck freudigen Dienens, der das vollkommene Gegenteil von Unterwerfung ist« PAUL RICOEUR

schreibenden, sondern im Zusprechenden und Ausrufenden befinden. Und ich denke, die Güte auszurufen ist der ursprüngliche Lobgesang.

»Wer zeigt uns das Glück?«

Ich mag das Wort Glück sehr. Lange Zeit dachte ich, es sei entweder zu leicht oder zu schwierig, über das Glück zu sprechen, dann habe ich diese Zurückhaltung überwunden, oder besser, ich habe sie angesichts des Wortes Glück vertieft. Ich nehme es in der ganzen Vielfalt seiner Bedeutungen, einschließlich der in den Seligpreisungen. Die Glücksformel lautet: »Glücklich, wer ...«. Ich sehe das Glück als ein Erkennen, ein Anerkennen, ein Wiedererkennen, im dreifachen Sinn des Wortes (»reconnaissance«). Ich erkenne es als das Meine, ich erkenne es beim anderen an, und ich bin dankbar für das, was ich an Glück erfahren habe – darunter die kleinen Glücksfälle der Erinnerung, um mich von den großen Unglücksfällen des Vergessens zu heilen.

Hier bin ich gleichzeitig in der Rolle des an den Griechen geschulten Philosophen sowie des Lesers der Bibel und des Evangeliums, in denen man den Lauf des Wortes Glück verfolgen kann. Es sind wie zwei Stimmlagen: Das Beste der griechischen Philosophie liegt darin, über das Glück nachzudenken, über das griechische Wort Eudaimon, wie bei Plato und bei Aristoteles. Und andererseits komme ich mit der Bibel sehr gut auf meine Kosten.

Ich denke an den Anfang von Psalm 4: »Wer wird uns das Glück zeigen?« Das ist eine rhetorische Frage, die ihre Antwort jedoch in den Seligpreisungen der Bergpredigt Jesu findet.

Und die Seligpreisungen sind der Horizont des Glücks in einem Leben, das im Zeichen der Güte steht, weil das Glück nicht nur das ist, was ich nicht habe, was ich einst zu haben hoffe, sondern auch, was ich davon gekostet habe.

Drei Gestalten des Glücks

Ich dachte unlängst über die Gestalten des Glücks im Leben nach. Im Blick auf die Schöpfung – eine schöne Landschaft vor mir – liegt das Glück im Bewundern und Staunen. Als zweite Gestalt dann liegt das Glück im Blick auf die andern, im empfangenden Erkennen der anderen und gemäß dem Bild des Bräutlichen im Hohelied, liegt es in unbändiger Freude. Und als dritte Gestalt des Glückes, der Zukunft zugewandt, liegt das Glück im Ausblick, in der Erwartung: Ich erwarte noch etwas vom Leben. Ich hoffe, Mut für das Unglück zu haben, das ich nicht kenne. Aber ich erwarte mir auch noch Glück. Ich verwende das Wort Erwarten; ich könnte auch ein anderes benützen, das aus dem ersten Korintherbrief stammt, aus dem Vers, der das berühmte Kapitel 13 über »die Liebe, die alles versteht, die alles entschuldigt« einleitet. In diesem Vers heißt es: »Strebt nach der höchsten Gabe!« »Strebt«, das ist das Glück drängenden Verlangens, welches das Glück unbändiger Freude und das Glück staunenden Bewunderns ergänzt...

Dienen mit Freude

Was mich hier in Taizé beeindruckt, bei allen kleinen täglichen Diensten, in der Liturgie, bei den Begegnungen aller Art, den Mahlzeiten, den Gesprächen, ist die vollkommene Abwesenheit von Beziehungen, in denen einer über den anderen herrscht. Ich habe manchmal den Eindruck, dass in der, wenn man so will, geduldigen und stillen Zuverlässigkeit sämtlicher Handlungen der Mitglieder der Communauté alle gehorchen, ohne dass jemand befiehlt. Daraus ergibt sich der Eindruck freudigen Dienens, sozusagen liebenden Gehorsams, ja, eines liebenden Gehorsams, der das vollkommene Gegenteil von Unterwerfung und das vollkommene Gegenteil von Ziellosigkeit ist. Der im Allgemeinen enge Weg zwischen dem, was ich eben Unterwerfung und Ziellosigkeit nannte, ist hier durch das Leben in Gemeinschaft breit abgesteckt. Das kommt uns, den Teilnehmern, zugute (nicht den Zuschauern, sondern denen, die sich beteiligen), und ich glaube, ich war und bin einer davon. Uns kommt der liebende Gehorsam zugute, den wir eben dem vorgelebten Beispiel entgegenbringen. Die Communauté von Taizé wartet nicht mit einer Art von einschüchterndem Vorbild auf, sondern mit einer Art freundschaftlicher Ermunterung.

Ich mag das Wort Ermunterung, weil wir uns da nicht im Bereich des Befehlens befinden und noch weniger in dem des Zwangs, aber auch nicht im Bereich des Misstrauens und der Unschlüssigkeit, die heute im Berufsleben, im Großstadtleben, bei der Arbeit wie in der Freizeit gang und gäbe sind. Diese miteinander geteilte Gelassenheit ist es, die für mich das Glück eines Lebens im Umfeld der Communauté de Taizé ausmacht. ∎

Kein Weg für das ganze Leben

Begegnung mit einem ehemaligen Mitglied der Brüdergemeinschaft von Taizé

VON EVA BAUMANN-LERCH

Man sieht es ihm immer noch an. Diese schlanke, beinahe dürre Gestalt, der jungenhafte Gang, dieses Heitere, Offene. Wer Michael Kunze heute im Saarland begegnet, hat keine Schwierigkeiten, sich ihn in der hellen Robe der Taizé-Brüder vorzustellen. Eher fragt man sich: Warum ist er eigentlich da weggegangen? 16 Jahre hat Michael als Frère in der Communauté in Taizé gelebt. »Das ist einmal lebenslänglich«, lächelt er. »Das ist ein großer Teil von mir.«

Michael Kunze schien auch erst wie geschaffen für ein Leben in der Brüderlichkeit. Er wächst in einer freundlichen Kirchengemeinde im Ruhrgebiet auf, ist ihr jüngster Messdiener, fährt mit dem Fahrrad für den Pfarrer die Post herum. Von Anfang an prägt ihn »so ein Urglauben, so eine spirituelle Gewissheit, die nicht an Strukturen gebunden ist«. Dann studiert Michael Theologie. »Ich wollte Diakon werden: Diener.«

1976 sieht er einen Aushang: »Taizé – 10 Tage – 150 DM«. Da fährt er mit, obwohl er kaum etwas mit dem Namen verbindet. Und ist sofort überwältigt: »Ich kam in die große Kirche mit dem Teppichboden, zog mir die Schuhe aus. Die Brüder sangen ein Abendgebet in Französisch: Sauve nous Seigneur ... Ich dachte, jetzt bin ich im Wohnzimmer Gottes.« Michael bleibt fasziniert in Taizé, kommt immer wieder. Nachdem seine Jugendfreundin Marianne ihn verlassen hat, entscheidet er sich, ein ganzes Jahr als »Permanent« in Taizé zu arbeiten: »Taizé war noch nicht so bekannt, und alles war noch sehr provisorisch.« Der 23-Jährige ist fasziniert von der bunten Internationalität des Ortes, seiner konfessionellen Offenheit, der experimentellen Atmosphäre, dem einfachen Leben. »Das passte so zu mir.«

Als er der Weihe eines neuen Bruders beiwohnt, denkt er: »Das könnte ich auch unterschreiben.« Am Nachmittag spricht er darüber mit einem der Frères. Und am selben Abend geht er zu Frère Roger, der sich wie jeden Abend an der Marien-Ikone für persönliche Begegnungen bereithält. Frère Roger wendet sich Michael zu: »Hast du eine Frage?« Und der antwortet: »Nein. Keine Frage. Ich will Bruder werden.«

Michael Kunze sitzt im Büro der »Neumühle«, als er von seinem Leben als Taizé-Bruder erzählt. Inzwischen ist der 50-Jährige stellvertretender Geschäftsführer des ökumenischen Meditationszentrums Neumühle in Mettlach, das in freier Trägerschaft neue Wege zur Spiritualität anbietet. Hier hat er nach den schweren Jahren der Neuorientierung

Michael Kunze weist die Schuldfrage, wer oder was für seinen Ausstieg aus Taizé verantwortlich ist, zurück: »Da gibt es keine Schuld. Vielleicht war die Zeit einfach für mich zu Ende«

neue Entfaltung gefunden. Er kümmert sich mit dem Team um die Organisation des Zentrums, führt die Buchhandlung, leitet Meditationsabende: »Da scheint ein Engel zu sein, der mich immer an solche guten Orte führt.«

Taizé war ihm lange so ein guter Ort: »Die Communauté ließ dem einzelnen viel Freiraum.« Eine spontane, schlichte Brüderlichkeit, fast ohne vorgeschriebene Tageszeiten. Das Frühstück etwa stand den ganzen Morgen bereit. Jeder der hundert Brüder konnte, je nach Temperament und Arbeitsauftrag, aufstehen und frühstücken, wann er wollte. »Die Leitung durch Frère Roger war sanft, fast mütterlich.« Und das ging lange Zeit gut. »Wir waren sehr fröhlich«, erinnert sich Michael Kunze. »Wir haben so viel zusammen gelacht. Das Gemeinschaftsgefühl war stark. Es gab kein abgezähltes Taschengeld. Wer etwas brauchte, bekam es. Da stand ein großer Schrank, aus dem sich alle Brüder mit Hemden und Hosen bedienen konnten. Wer verreisen musste, sagte, wie viel er brauchte. Und wenn du zurückkamst, hast du das Restgeld wieder abgegeben.«

»Später«, meint Michael, »als der Ort bekannter wurde und alle Welt hierher schaute, wurde es stiller und ernster in Taizé. Die Leichtigkeit ging verloren. Und das fehlte mir sehr.«

Aber Michael war nicht nur durch die Brüder an Taizé gebunden. Frère Roger hatte zwei vietnamesische Witwen mit 14 Kindern von den »Boatpeople« mit nach Taizé gebracht. Bruder Michael schloss die Kinder sofort ins Herz und widmete ihnen, ohne es mit der Gemeinschaft abzusprechen, bald jede freie Minute. Morgens machte er seine Arbeit in der Töpferei, nachmittags betreute er Hausaufgaben, spielte mit den Kindern, besuchte die Elternsprechtage. Der vietnamesischen Mutter war er wie ein großer Sohn (sie nennt ihn auch heute noch »mon fils«), den Kindern ein Vater (»sie sagten Papa zu mir«), und dann sollte er der Gemeinschaft auch noch ein Bruder sein. Frère Michael wird innerlich gespalten, wagt aber nicht, es anzusprechen.

Überhaupt scheint es unter den Brüdern von Taizé kaum Diskussionen zu geben: »Es gab niemals Auseinandersetzungen, auch im jährlichen Bruderrat nicht. Ich habe dort nie eine Abstimmung erlebt.« Das heißt nicht, dass es autoritären Druck gegeben hätte. »Der Gemeinschaftsanspruch war eben sehr hoch, vieles wurde besänftigt, und jeder hielt seine individuellen Probleme eher für unwichtig.« Aber Michael schluckt mehr, als er vertragen kann. Und als er 1993 in eine Taizé-Dependence in die afrikanischen Slums versetzt werden soll, regt sich in ihm der Widerstand: »Ich war schon mal drei Monate zur Aushilfe in Afrika gewesen. Das war nichts für mich. Ich kam mit der Lethargie der Slumbewohner einfach nicht zurecht.« Trotzdem kann Michael mit keinem der Brüder darüber sprechen: »Ich hatte das Gefühl, dass ich dem Anspruch der Gemeinschaft nicht gerecht werde und dass mein Wunsch nach Individualität nicht verstanden werden könnte.« Er wird einsam, bedrückt und blass. Eines Tages ruft er bei seiner alten Freundin an: »Marianne, ich kann nicht mehr!« Die steigt sofort mit ihrem Ehemann ins Auto und kommt nach Taizé. Michael Kunze schreibt einen Abschiedsbrief, packt ein paar Sachen und kehrt mit den beiden ins Ruhrgebiet zurück.

»Da war ich 40 Jahre alt, 16 Jahre weggewesen und ohne Berufsausbildung«, beschreibt er die Situation nach dem Ausstieg. Eine Anzeige in Publik-Forum bringt ihm 14 Zuschriften und eine Ausbildung zum Jugend- und Heimerzieher im Odenwald. Später hilft er den Verwandten seiner vietnamesischen Familie beim Lederimport. Und kommt dann – vier Jahre ist das her – durch den Hinweis eines ehemaligen Mitbruders ins Meditationszentrum Neumühle, dessen Leiter, Dr. Willi Massa, ebenfalls ein ehemaliger Mönch, gerade schwer erkrankt ist und ein halbes Jahr später stirbt. Auch die Neumühle dient dem Gebet, der Stille und der Begegnung, auch hier herrscht konfessionelle Offenheit. Michael Kunze spürt sofort, dass hier sein Platz ist. Nicht um zu leiten, sondern um mitzuarbeiten. »Ich bin ein Diener geblieben.« Aber eine Lebensgemeinschaft mit den anderen Mitarbeitern der Neumühle lehnt er ab: »Ich brauche meine eigene Wohnung. Ich weiß, dass ich so eine enge Gemeinschaft nie mehr leben möchte.«

Die »Schuldfrage«, wer oder was für seinen Ausstieg aus Taizé verantwortlich ist, weist der ehemalige Bruder zurück: »Da gibt es keine Schuld. Vielleicht war die Zeit einfach für mich zu Ende.« Die große Ausstrahlung des Gründers Frère Roger, denkt er heute, »das hat die Brüder bisher auch ohne Diskussionen zusammengehalten. Vielleicht war das ja bei allen charismatischen Ordensgründern so. Aber danach werden die Brüder lernen müssen, miteinander zu reden.«

Manches tut vielleicht auch noch ein bisschen weh. Wenn Michael Kunze nach Taizé kommt, um seine Vietnamesenkinder zu sehen, schauen manche Brüder einfach an ihm vorbei. Mit etwas Wehmut verweist er da auf die Benediktiner in Münsterschwarzach, die einen Versöhnungsgottesdienst mit allen ausgetretenen Ordensbrüdern gefeiert haben. »Das ist in Taizé noch nicht denkbar. Das ist etwas, was ich mir wünschen würde.«

Dann muss er aufstehen, den Meditationsraum richten. Jeden Mittwoch leitet Michael Kunze in der Neumühle einen Gebetsabend mit Gesang und Stille. Zu Beginn liest er heute die abgekürzte Regel von Taizé: »Lass in deinem Tag Arbeit und Ruhe von Gottes Wort ihr Leben empfangen. Bewahre in allem die innere Stille, um in Christus zu bleiben. Lass dich durchdringen vom Geist der frohen Botschaft, von Freude, Einfachheit und Barmherzigkeit.« Er hält einen Augenblick inne und sagt dann leise: »Das ist ein Lebensmotto. Ob man nun in Taizé ist oder nicht.« ∎

Jeden Mittwoch leitet Michael Kunze in der Neumühle einen Gebetsabend mit Gesang und Stille. Zu Beginn liest er die abgekürzte Regel von Taizé: »Das ist ein Lebensmotto. Ob man nun in Taizé ist oder nicht.«

Frère Roger wandte sich an den Papst: »Ich habe meine Identität als Christ darin gefunden, dass ich in mir die Glaubensströmung meiner evangelischen Herkunft mit dem Glauben der katholischen Kirche versöhne«

Am Rand einer Quelle

Papst Johannes Paul II. und Taizé

VON KATHRYN SPINK

Mehrere europäische Jugendtreffen fanden in Rom statt. Jedes Mal versammelten sich Zehntausende Jugendliche und beteiligten sich am Leben der gastgebenden Kirchengemeinden. 1987, immerhin zwei Jahre vor der Wende, kamen bereits rund fünftausend der Teilnehmer aus Mittel- und Osteuropa, darunter etwa tausend Ungarn. Zwei Mal am Tag kamen Gäste und Gastgeber zu gemeinsamen Gebeten zusammen, gleichzeitig in die Lateranbasilika, in Santa Maria Maggiore und Santa Maria degli Angeli. Pilgerwege durch die römischen Katakomben versetzten die Teilnehmer in die Zeit der ersten Christen.

Eines der Abendgebete wurde jeweils im stets überfüllten Petersdom gehalten. Papst Johannes Paul II. nahm an jedem dieser Gebete teil. »Der Papst weiß sich zusammen mit euch dem ›Pilgerweg des Vertrauens auf der Erde‹ tief verpflichtet«, sagte er einmal.

Frère Roger umschrieb beim Treffen Ende 1980 den Weg, den er seit Jahren eingeschlagen hatte: »Darf ich ihnen sagen«, so wandte er sich an den Papst, »was ich vor kurzem auch bei der Feier der Confessio Augustana (des Augsburgischen Bekenntnisses der Lutheraner) in Augsburg gesagt habe: Ohne für irgend jemand ein Symbol der Ableugnung zu sein, habe ich, nach dem Vorbild meiner Großmutter, meine Identität als Christ darin gefunden, dass ich in mir die Glaubensströmung meiner evangelischen Herkunft mit dem Glauben der katholischen Kirche versöhne.«

Der Papst und Frère Roger kennen sich seit langem. Als Erzbischof von Krakau war Karol Wojtyla zwei Mal in Taizé zu Besuch. Frère Roger war seinerseits bei ihm in Krakau zu Gast. Jedes Jahr findet am letzten Maisonntag unweit von Kattowitz eine große Wallfahrt auf den Hügel von Piekar statt. Unzählige Bergarbeiter aus den Kohlengruben Oberschlesiens, oft sind es zweihunderttausend, ziehen zu Fuß zu dem Marienheiligtum. »Der Bischof der Diözese, in der der Wallfahrtsort liegt, war ein sehr mutiger Mann«, erzählt einer der Brüder. »Mehrmals lud er Frère Roger ein, zu den Pilgern zu sprechen. Immer war auch der Erzbischof von Krakau mit anwesend. Als Frère Roger die ersten beiden Male eingeladen war, sprach auch Karol Wojtyla. Beim ersten Aufenthalt verbrachte Roger drei Tage im Haus des Kardinals. Bei dieser Gelegenheit lernte er die Begabungen jenes Mannes kennen, der wenig später, im Herbst 1978, in Rom zum Papst gewählt wurde und fortan Johannes Paul II. hieß.

In seiner Antrittsenzyklika Redemptor Hominis (Retter des Menschen) erläutert der Papst, dass »Christus mit jedem Menschen vereinigt ist, selbst wenn dieser nicht darum weiß«. Damit, so meint Frère Roger, bringe der Papst ein altes Vorurteil zu Fall, demzufolge Gott nur für eine Elite (oder etwa nur für die Getauften) da sei. Klipp und klar werde gesagt, die Liebe Gottes sei durch das Kommen Christi eine Quelle des Heils für die Menschen aller Völker und Rassen. – Eine solche Aussage konnte in Taizé nur auf ungeteilte Zustimmung stoßen.

Am Tag des Attentats auf den Papst ging Frère Roger zusammen mit einem anderen Bruder im Wald spazieren. Plötzlich wurde es ihm unbehaglich, und er sagte: Gehen wir nach Taizé zurück; hier ist es zu dunkel. Bei der Rückkehr erfuhr er, dass eben auf den Papst geschossen worden war. Kurze Zeit später war Frère Roger ein weiteres Mal bei der Bergarbeiterwallfahrt in Polen. Er ließ anfragen, ob er den Papst auf der Rückreise in der römischen Gemelli-Klinik besuchen könne. Es war möglich, obwohl der Papst damals nur jeweils eine Person am Tag empfangen konnte. Hätte Frère Roger geahnt, wie geschwächt der Papst war, hätte er auf sein Gesuch verzichtet. Johannes Paul II. war erfreut. Am Ende des Gespräches sagte er im Bewusstsein eines unter Umständen nahen Todes einige Worte. Er redete, als würde er Frère Roger nicht wiedersehen: »Machen Sie weiter, machen Sie weiter!«

Die langjährige Bekanntschaft veranlasste den Papst, auf seiner Frankreichreise im Oktober 1986 Taizé einen Besuch abzustatten. Dort konnte man an jenem frühen Sonntagmorgen nicht einmal von der Kirche bis zum Glockenturm sehen: Undurchdringlicher Nebel lag über dem Hügel. Den Tausenden Jugendlichen, die ihn mit den Brüdern in der Kirche der Versöhnung und mehreren Vorzelten erwarteten, sagte der Papst: »Man kommt nach Taizé wie an den Rand einer Quelle. Der Reisende hält ein, löscht seinen Durst und setzt seinen Weg fort. Und ihr wisst, dass die Brüder der Communauté euch nicht zurückhalten wollen. In der Stille und im Gebet möchten sie es euch ermöglichen, vom lebendigen Wasser zu trinken, das Christus verheißen hat, und dann wieder abzufahren, um in euren Kirchengemeinden, in euren Städten und Dörfern, an euren Schulen, euren Universitäten und an euren Arbeitsplätzen seine Liebe zu bezeugen und euren Brüdern und Schwestern zu dienen.

In allen Kirchen und kirchlichen Gemeinschaften, und bis hinauf zu den höchsten politischen Verantwortlichen, ist die Communauté für das stets hoffnungserfüllte Vertrauen bekannt, das sie in die Jugendlichen setzt. Ich bin heute morgen vor allem deswegen hier, weil ich dieses Vertrauen und diese Hoffnung teile.«

Nach dem gemeinsamen Gebet sagte der Papst bei einer weiteren Zusammenkunft mit den Brüdern: »Liebe Brüder, in der familiären Vertrautheit dieses kurzen Zusammenseins möchte ich euch meine herzliche Verbundenheit mit den einfachen Worten sagen, mit denen Papst Johannes XXIII., der euch überaus liebte, einmal Frère Roger begrüßte: ›Oh Taizé, der kleine Frühling!‹. Es ist mein Wunsch, dass der Herr euch als einen anbrechenden Frühling, dass er euch klein, dass er euch in der evangelischen Freude und der Lauterkeit der brüderlichen Liebe bewahre.« ∎

Aus: Kathryn Spink: Frère Roger. Gründer von Taizé. Leben für die Versöhnung. Verlag Herder, Freiburg 1999

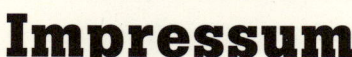

Impressum

Taizé:
Den Geist Gottes atmen und leben

Publik-Forum EXTRA
Redaktion dieser Ausgabe:
Thomas Seiterich-Kreuzkamp (V.i.S.d.P.)
Gestaltung: Andreas Klinkert
Titelfoto: Leutenegger; **Foto Rückseite:** KNA/Esser
Verleger: Publik-Forum Verlagsgesellschaft mbH, gesetzlich vertreten durch die Geschäftsführer Richard Bähr (Oberursel) und Dieter Grohmann (Dortmund), ladungsfähige Anschrift für Redaktion und Verlag: Krebsmühle, 61440 Oberursel
Postanschrift:
Publik-Forum, Postfach 2010, D-61410 Oberursel
Hausanschrift: Krebsmühle, D-61440 Oberursel
Telefon: 06171/7003-0
FAX: 06171/7003-40

E-Mail: verlag@publik-forum.de
Web: www.publik-forum.de
Erscheinungsweise: vierteljährlich
Einzelpreis: 6,50 €
Jahresabonnement: 27,20 € (incl. Versand)
Druck: Druckhaus Bayreuth Verlagsges. mBH, Theodor-Schmidt-Str. 17, 95448 Bayreuth
gedruckt auf Recyclingpapier
© Publik-Forum Verlagsgesellschaft mbH **August 2004**

ISBN 3 - 88095 - 134 - 9

Hinweis nach dem hessischen Pressegesetz:
An der Finanzierung des Verlages sind die Publik-Forum Beteiligungsgesellschaft mbH und die Leserinitiative Publik e. V. wirtschaftlich beteiligt.

Autoren

Eva Baumann-Lerch, geboren 1957, lebt als frei Journalistin und Mutter von drei Kindern mit ihrer Familie in Wetzlar
Wunibald Müller, geboren 1950, ist promovierter Theologe und Diplompsychologe. Er leitet das Recollection-Haus in Münsterschwarzach
Ursula Sattler lebt als evangelische Pfarrfrau in Beutelsbach in Württemberg. Ihr Text entstand im Jahr 2003
Vera Rüttimann ist 36 Jahre alt und Schweizerin. Sie lebt seit 1990 in Berlin und ist von Beruf Journalistin und Fotografin
Paul Ricoeur ist einer der berühmtesten Philosophen des 20. Jahrhunderts. Er wurde 1913 in Valence im Rhonetal geboren. Sein Text entstand in der Karwoche 1999 in Taizé
Kathryn Spink wurde in Indien geboren und studierte in Oxford. Sie schrieb mehrere Biografien, unter anderem über Mutter Teresa